Presentación

Socios es un curso dirigido especialmente a estudiantes que necesitan el español para desenvolverse en ámbitos laborales. Tiene el doble objetivo de iniciar al alumno en el español y de introducirlo en las peculiaridades de la lengua que se usa en el mundo del trabajo. Esta **nueva edición** responde al éxito que ha tenido el manual desde su publicación y es el resultado de un exhaustivo proceso de evaluación de los contenidos, llevado a cabo por sus autores y por un grupo de expertos de diferentes ámbitos: profesores de escuelas de hostelería, de cursos de español para el mundo laboral, de turismo, de formación profesional, etc. Sus comentarios, propuestas y sugerencias han sido claves en el proceso de revisión.

El **Cuaderno de ejercicios** tiene como objetivo consolidar y ampliar los contenidos gramaticales, léxicos y comunicativos del *Libro del alumno*, así como facilitar al alumno la evaluación y toma de conciencia de su proceso de aprendizaje. Las actividades proponen siempre mecanismos motivadores que implican al aprendiz personalmente y que le ayudan a desarrollar sus destrezas. Cada unidad incorpora, además, una actividad en la que se trabajan aspectos fonéticos y de pronunciación. Cada tres unidades, la sección *Comprueba tus conocimientos* permite al alumno evaluar los conocimientos gramaticales y léxicos adquiridos en las tres unidades precedentes así como su progresión en las diferentes destrezas.

La mayoría de las actividades del *Cuaderno de ejercicios* han sido diseñadas para que puedan realizarse de forma individual, bien en casa o en clase, al hilo de las actividades del *Libro del alumno*. Aquellas que requieren un trabajo de interacción oral entre dos o más estudiantes incluyen muestras de lengua que sirven como modelo para las producciones orales de los alumnos. Las actividades de comprensión auditiva están señaladas con su correspondiente icono. El número que aparece indica en qué pista del CD se encuentra la grabación. Asimismo, hemos destacado aquellas propuestas susceptibles de ser incorporadas al **Portfolio europeo de las lenguas**.

Como novedad, el *Cuaderno de ejercicios* incluye un apartado con propuestas de explotación de los reportajes del DVD **Socios y colegas**. Estas actividades permiten trabajar aspectos formales de la lengua correspondientes a las diferentes unidades del manual y desarrollar aspectos interculturales del mundo laboral y empresarial. Asimismo, con el objetivo de favorecer la autonomía del aprendiz, hemos incluido también en el *Cuaderno de ejercicios* el **CD audio** con las grabaciones del material auditivo así como las **transcripciones**.

Índice

1. Compañeros de trabajo

1 Datos personales
2 Una suscripción
3 Idiomas y países
4 Verbos regulares e irregulares en Presente de Indicativo
5 Cuestionario. Hábitos de salud
6 **Por** y **para**
7 Vocabulario: personas, entidades y documentos
8 Departamentos de una empresa
9 Funciones en una empresa
10 Descripción de personas. **Ser** y **estar**
11 Hablar sobre el estado de ánimo. Verbo **estar**
12 Usos de **ser** y **estar**
13 **Ser**, **estar**, **parecer**
14 **LLevarse bien/mal, caer bien/mal**
15 Expresar opinión
16 Departamentos
17 **He estado/estuve** + Gerundio
18 Hábitos
19 Rutina diaria

pág. 8

2. De viaje

1 Hablar de cantidades de personas
2 Medios de transporte
3 Los españoles y el turismo
4 Cuestionario sobre viajes
5 Vocabulario: alojamiento, equipaje, estaciones y meses del año
6 Verbos con pronombres personales de OI: **me gusta/n**, **me molesta/n**...
7 Expresar gustos y sentimientos: **me gusta/n**, **me encanta/n**, **no soporto**...
8 Pretérito Perfecto. Participios irregulares
9 Pretérito Perfecto/Pretérito Indefinido. Marcadores temporales
10 Pretérito Perfecto/Pretérito Indefinido en España y en Argentina
11 Pretérito Perfecto/Pretérito Indefinido. Marcadores temporales
12 Cuestionario: Pretérito Perfecto/ Pretérito Indefinido
13 Unas vacaciones en Colombia
14 Condicional
15 Aconsejar: **yo que tú**.../**yo, en tu lugar**... + Condicional
16 Expresar deseos: **me gustaría** + Infinitivo, Condicional
17 El tiempo
18 Prendas de vestir y estaciones del año

pág. 20

3. Productos de ayer y de hoy

1 Describir y hablar de acciones habituales/puntuales: la historia del chocolate
2 Pretérito Indefinido. Verbos regulares
3 Acentuación de verbos en Pretérito Indefinido
4 Pretérito Indefinido. Verbos irregulares en tercera persona
5 Un anuncio de chocolate. Pretérito Imperfecto
6 La historia de SEAT
7 Anacronismos
8 **Seguir** + Gerundio, **soler/dejar de/ empezar a** + Infinitivo
9 Una carta al director
10 Pretérito Imperfecto
11 Regalos de infancia
12 **Cuando era pequeño...**
13 La historia de Bic
14 **Ya/ya no** y **todavía/todavía no**
15 **Ya/todavía**, **dejar de** + Inflnitivo, **seguir** + Gerundio
16 Pronombres de OD + OI
17 Pronombres de OD + OI

pág. 32

Socios

Nueva Edición

**Curso de español orientado
al mundo del trabajo**
Cuaderno de ejercicios

2

Jaime Corpas
Lola Martínez
Maria Lluïsa Sabater

Socios 2
Cuaderno de ejercicios

Autores
Jaime Corpas, Lola Martínez, Maria Lluïsa Sabater

Autores Socios y colegas
Jaime Corpas, Eva García

Asesoría y revisión
Antonio Barquero, Sandra Becerril, Francisco González, Virtudes González

Coordinación editorial y redacción
Jaime Corpas, Ester Lázaro

Corrección
Gema Ballesteros

Diseño y dirección de arte
Nora Grosse, Enric Jardí

Maquetación
Christopher Seager

Ilustración
Joma, Daniel Jiménez, Piet Luthi

Documentación
Olga Mias

Grabación
CYO Studios

Locutores
Arturo Beltrán (México), Cristina Carrasco (España), María Isabel Cruz (Colombia), Eduardo Díez (España), José Luis Fornés (España), Mila Lozano (España), María Inés Molina (Argentina), Néstor Molina (Argentina), Mamen Rivera (España), Víctor J. Torres (España)

Fotografías
Cubierta García Ortega, Stockbyte/Ciaran Griffin/Getty Images; **Unidad 1** pág. 8 David Lees/Getty Images; pág. 9 Agencyby/Dreamstime; pág. 13 Franz Pfluegl/Dreamstime, Tamás Ambrits/Dreamstime, Rafa Irusta/Dreamstime; pág. 14 Andrés Rodríguez/Dreamstime, Martin Schmid/Dreamstime, Tomasz Trojanowski/Dreamstime; pág. 17 Andrés Rodríguez/Dreamstime, Vgstudio/Dreamstime, Jurate Lasiene/Dreamstime; pág. 19 Aniram/Dreamstime; **Unidad 2** pág. 20 ARV/Taxi/Getty Images; pág. 23 Eric Gevaert/Dreamstime; pág. 26 Andrea De Stefani, Uros Milic; pág. 30 Anna Tatti, Giacomo Bartalesi; **Unidad 3** pág. 32 Ron Chapple Studios/Dreamstime; pág. 35 Grupo Arcor; pág. 36 SABET Sabet/flickr; pág. 40 Goh Siok hian/Dreamstime, Sebastian Czapnik/Dreamstime, Sylvie Fourgeot/Dreamstime, Hallgerd/Dreamstime, Patricia Hofmeester/Dreamstime, Vnlit/Dreamstime, Barmina Iva/Dreamstime, Irina Veremeenko/Dreamstime, Nsilcock/Dreamstime, Tomasz Szadkowski/Dreamstime, Kirill Zdorov/Dreamstime; pág. 41 Difusión, pág. 42 Siniy/Dreamstime, Adrian Moisei/Dreamstime, Jozsef Szasz-fabian/Dreamstime, Nick Stubbs/Dreamstime, Adrian Moisei/Dreamstime, Jakub Cejpek/Dreamstime; **Unidad 4** pág. 46 Getty Images; pág. 47 Kurhan/Dreamstime,Terence Mendoza/Dreamstime, Laurent Hamels/Dreamstime; pág. 49 Miroslav Tolimir/Dreamstime; pág. 53 Milan Kopcok/Dreamstime, Pryzmat/Dreamstime, Jakub Jirsák/Dreamstime, Iurii Lupol/stockxpertcom, Robert Lerich/Dreamstime, Milosluz/Dreamstime, Gustavo Fadel/Dreamstime, Difusión; pág. 54 anikasalsa/stockxpertcom, Darren Hester/stockxpertcom, Dori OConnell/stockxpertcom, Yuri Arcurs/stockxpertcom, forwardcom/stockxpertcom, Julián Rovagnati/stockxpertcom, Yuri Arcurs/stockxpertcom, Elena Elisseeva/stockxpertcom, Florea Marius Catalin/stockxpertcom, Sergey Galushko/stockxpertcom; pág. 55 Richard Nelson/Dreamstime, Raycan/Dreamstime.jpg, Nikola Hristovski/Dreamstime, Fallenangel/Dreamstime, Monika Adamczyk/Dreamstime, Stacy Barnett/Dreamstime ; **Unidad 5** pág. 58 Keith Dannemiller/Alamy/ACI; pág. 60 Fantasista/Dreamstime; pág. 61 Rafa Irusta/Dreamstime; pág. 66 Ulzana/Dreamstime; pág. 67 Eric Pemper/Dreamstime; **Unidad 6** pág 70 Chris Graythen/Getty Images; pág. 72 Andres Rodriguez/Dreamstime, Feria Internacional de Turismo, Arteba; pág. 73 Bilbao Exhibition Centre, Feria Internacional del Libro de Guadalajara; pág. 81 Alimentaria Exhibitions, Chromorange/Dreamstime; **Unidad 7** pág. 84 Jens Lucking/Stone/Getty Images; pág. 85 Maciek PELC, Rosen Litov/Dreamstime; pág. 88 Akhilesh Sharma/Dreamstime; pág. 91 Vgstudio/Dreamstime, Laurin Rinder/Dreamstime, Norman Pogson/Dreamstime, Tatiana nikolaevna Kalashnikova/Dreamstime, Yanik Chauvin/Dreamstime, Norman Pogson/Dreamstime; pág. 92 Kurhan/Dreamstime; pág. 93 Leoplus/flickr; pág. 95 Magdalena Sobczyk/Dreamstime; **Unidad 8** pág. 96 Reza Estakhrian/Stone/Getty Images; pág. 97 Nikola Hristovski/Dreamstime; pág. 98 Cristo Oliver Luis Yanes/Dreamstime; pág. 105 Stefan Andronache/Dreamstime; pág. 106 Nikola Hristovski/Dreamstime; pág. 107 Dmitriy Shironosov/Dreamstime; **Unidad 9** pág. 108 Edwin Verin/Dreamstime; pág. 113 Gert Vrey/Dreamstime, Lukajani/Dreamstime, Lisa F. Young/Dreamstime, Ron Chapple Studios/Dreamstime, Laurent Hamels/Dreamstime; pág. 114 Anatoly Tiplyashin/Dreamstime; pág. 117 Ministerio de Sanidad y Consumo; **Unidad 10** pág. 122 Tiago Estima/Dreamstime; pág. 123 Showface/Dreamstime; pág. 126 Marco Nobre/Dreamstime; pág. 128 Alex Dragoman; pág. 129 Qilux/Dreamstime; pág. 130 Simone Van Den Berg/Dreamstime; **Unidad 11** pág. 134 Bernhard Lang/Photographer's Choice/Getty Images; pág. 135 Christy Thompson/Dreamstime, Albo/Dreamstime, Dmitry Goygel-sokol/Dreamstime, Milkos/Dreamstime, Andrés Rodríguez/Dreamstime, Difusión; pág. 136 Millan/Dreamstime, Tanya Brila/Dreamstime, Jacek Chabraszewski/Dreamstime, Draganr/Dreamstime, Andrea Biraghi/Dreamstime, Paulpaladin/Dreamstime, Aleksandar Jocic/Dreamstime, Difusión; pág. 143 García Ortega; pág. 144 Dmitriy Shironosov/Dreamstime; **Unidad 12** pág. 146 David Lees/Taxi/Getty Images; pág. 147 Ozgur Artug/Dreamstime; pág. 148 Risto Hunt/Dreamstime; **Socios y colegas** todas las imágenes son capturas del DVD Socios y colegas 2, excepto: pág. 175 Dušan Zidar/Dreamstime, Robert Lerich/Dreamstime; pág. 179 Albo/Dreamstime, Carlos Santa Maria/Dreamstime, Tiero/Dreamstime, Dignity/Dreamstime; pág. 181 Vadim Kozlovsky/Dreamstime.

Todas las fotografías de www.flickr.com están sujetas a una licencia de Creative Commons (Reconocimiento 2.0 y 3.0).

Agradecimientos
Itziar Amunategi (Bilbao Exhibition Centre), Myriam Vidriales (FIL).

© Los autores y Difusión, S.L. Barcelona 2008
Reimpresión: abril 2009
ISBN: 978-84-8443-419-1
Depósito Legal: B-29.684-2008
Impreso en España por Filabo

difusión
Centro de Investigación y Publicaciones de Idiomas, S.L.

C/ Trafalgar, 10, entlo. 1ª
08010 Barcelona
Tel. (+34) 93 268 03 00
Fax (+34) 93 310 33 40
editorial@difusion.com

www.difusion.com

4. Normas en la empresa

1 Partes del cuerpo y salud laboral
2 Vocabulario para hablar de la salud
3 Vocabulario. Definiciones
4 Aspectos de una empresa
5 **Se** impersonal. Costumbres en las comidas
6 Artículo sobre la formalidad en el vestir
7 Imperativo. Verbos regulares
8 **Se** impersonal. Artículo sobre el ahorro y uso del papel
9 Imperativo negativo: **tú**, **vosotros**
10 Imperativo con pronombres
11 **Está prohibido**, **no se puede**, **no se permite**, **se prohíbe**
12 Vocabulario para hablar de salud y consejos
13 **Poder** y **deber**
14 Test: ¿es usted organizado/a?
15 Un prospecto

pág. 46

5. Dinero

1 Vocabulario relativo al banco
2 Vocabulario de operaciones bancarias
3 Descripción de una sucursal
4 Artículo sobre los gastos de los hogares españoles
5 Presente de Subjuntivo. Forma
6 Presente de Subjuntivo. Un crucigrama
7 **Acabar de** + Infinitivo
8 El adverbio **cuando**
9 La publicidad de un banco
10 Usos de la tarjeta de crédito
11 **Cuando** + Presente de Subjuntivo
12 Hablar de planes y proyectos
13 Artículo sobre el control de los gastos
14 **Antes de/después de** + Infinitivo
15 **Por** y **para**
16 Futuro
17 Explicar palabras

pág. 58

6. Salones y ferias

1 Vocabulario: elementos de un stand
2 Verbos **faltar/sobrar**
3 Elegir una feria
4 Pretérito Pluscuamperfecto. Uso
5 Relacionar acontecimientos pasados: Pretérito Pluscuamperfecto
6 Relatar en pasado: Pretérito Indefinido, Pretérito Imperfecto y Pretérito Pluscuamperfecto
7 Una anécdota de un viaje de trabajo
8 Valoración de diferentes aspectos relacionados con una feria
9 **Yo creía/pensaba...**
10 **Sí, ya lo sabía/No, no lo sabía**
11 Completar un informe con los conectores adecuados
12 Ordenar un informe: indicaciones para participar con éxito en una feria
13 Agrupar palabras
14 Redactar dos informes. Conectores
15 Redactar un informe sobre la conveniencia de participar en una feria

pág. 70

7. Internet

1 Expresar finalidad: **para** + Infinitivo, **para que** + Subjuntivo
2 Servicios *on-line* de un banco
3 Expresar conveniencia
4 Breve historia de internet. **Desde**, **hace**, **llevar**
5 **Llevar** + cantidad de tiempo
6 **Desde**, **hace**, **llevar**
7 Expresar deseos e intenciones
8 Una reunión de un equipo de marketing. **Querer**, **pedir**, **sugerir**
9 Expresar deseos e intenciones
10 Comparar el español con otras lenguas
11 Un correo electrónico: lugares que **vale/merece la pena** visitar de una ciudad
12 Carta de encargo del diseño de una página web
13 Artículo: Internet y el español

pág. 84

8. Correspondencia comercial

1 Partes de una carta
2 Saludos y despedidas
3 Expresiones equivalentes
4 Condiciones de pago y de entrega
5 Dos correos electrónicos
6 Fragmentos de cartas comerciales
7 Abreviaturas
8 Carta de reclamación de un pago
9 Expresiones frecuentes en la correspondencia comercial
10 Una factura, una hoja de pedido y un albarán
11 Una reclamación
12 Una carta de confirmación de un pedido
13 Entrevista: un buen negociador
14 Negociaciones

pág. 96

9. Estrategias de publicidad

1 Soportes publicitarios
2 Vocabulario relacionado con la publicidad
3 Campañas publicitarias
4 Ventajas e inconvenientes de la publicidad en internet
5 Expresar acuerdo, desacuerdo y duda
6 Reaccionar ante opiniones ajenas
7 Opinar. Verbos en Indicativo y en Subjuntivo
8 El acta de una reunión
9 Expresar hipótesis y probabilidad
10 Una cuña publicitaria
11 Hacer hipótesis
12 Expresar hipótesis: Futuro y Futuro Perfecto
13 Anuncios publicitarios que deberían prohibirse
14 Elegir un anuncio
15 Eslóganes

pág. 108

10.
Seguros

1 Vocabulario: términos relacionados con los seguros
2 Vocabulario: pólizas de seguros
3 Vocabulario: coberturas de seguros
4 Fórmulas frecuentes en conversaciones telefónicas
5 Saludar, despedirse, identificar e indicar espera en conversaciones telefónicas
6 Frases útiles para hablar por teléfono
7 Mensajes
8 Artículo sobre seguros contra catástrofes
9 Tomar nota de mensajes
10 **Pedir que** + Presente de Subjuntivo
11 **Me dijo/dijeron/aseguró/aseguraron que** + Condicional/Imperfecto de Indicativo
12 Intenciones comunicativas: recordar, sugerir, explicar, asegurar, etc.
13 Reconstruir un correo electrónico a partir de un diálogo. **Me cuenta/dice que...**
14 Vocabulario relacionado con los seguros
15 **Cuanto/a/os/as más/menos** + sustantivo/adjetivo, **más/menos/mayor/menor...**
16 **Nada**, **algo**, **alguno**, **ninguno**, **cualquiera...**

pág. 122

11.
Presentaciones y conferencias

1 Vocabulario: material de apoyo en presentaciones
2 Describir objetos: pronombres relativos con preposición
3 **Quedarse en blanco/sin algo/corto de...**, **hacer de más**, **tener cuidado con...**
4 Hablar de experiencias personales
5 Fases de una presentación: preparación, práctica y presentación
6 Recursos en una conferencia o presentación
7 Recursos para hablar en público
8 En una presentación
9 Valorar una presentación
10 **No conozco a nadie que...**
11 Uso del Indicativo o del Subjuntivo en frases relativas
12 Indicativo o Subjuntivo en frases relativas
13 Frases relativas con Subjuntivo: **busco un/a que...**, **necesito un/a que...**
14 **Qué/cuál**
15 Buscar un socio para una empresa

pág. 134

12.
Felicitaciones y despedidas

1 Tres tarjetas
2 Una tarjeta de despedida
3 Expresar sentimientos: Pretérito Perfecto de Subjuntivo
4 Expresar deseos: **ojalá**, **a ver si**, **que** + Presente de Subjuntivo
5 Pretérito Perfecto de Subjuntivo/Infinitivo Pasado
6 Hablar de gustos y sentimientos
7 Una nota de disculpa
8 Vocabulario de acontecimientos
9 Un correo electrónico
10 Un discurso de despedida
11 Ordenar dos discursos
12 Pretérito Imperfecto de Subjuntivo
13 Test de personalidad
14 Elaborar un cuestionario para contratar a una persona
15 **Me gustaría que** + Imperfecto de Subjuntivo, **me gustaría** + Infinitivo
16 **Acordarse/recordar**
17 **Dar**, **pedir**, **agradecer**, **felicitar** y **celebrar**

pág. 146

pág. 160
pág. 190

Socios y colegas (actividades para el DVD)
Transcripciones

1

Compañeros de trabajo

1 Datos personales
2 Una suscripción
3 Idiomas y países
4 Verbos regulares e irregulares en Presente de Indicativo
5 Cuestionario. Hábitos de salud
6 **Por** y **para**
7 Vocabulario: personas, entidades y documentos
8 Departamentos de una empresa
9 Funciones en una empresa
10 Descripción de personas. **Ser** y **estar**
11 Hablar sobre el estado de ánimo. Verbo **estar**
12 Usos de **ser** y **estar**
13 **Ser, estar, parecer**
14 **Llevarse bien/mal, caer bien/mal**
15 Expresar opinión
16 Departamentos
17 **He estado/estuve** + Gerundio
18 Hábitos
19 Rutina diaria

1. A. ¿Qué preguntas corresponden a estas respuestas? Escríbelas. Puede haber más de una posibilidad.

1. .... **Natalia Ortiz.**

2. .... **28.**

3. .... **Vivo en San Sebastián.**

4. .... **Estudio periodismo. También trabajo en un restaurante.**

5. .... **Inglés y francés.**

6. .... **Me gusta mucho el cine y me encanta cocinar.**

CD 1 **B.** Escucha y comprueba.

C. ¿A qué conceptos se refieren las preguntas y las respuestas anteriores?

☐ Idiomas   ☐ Edad   ☐ Nombre

☐ Ocupación   ☐ Aficiones   ☐ Lugar de residencia

2. Imagina que quieres suscribirte a una publicación para estudiantes de español. Rellena esta hoja de suscripción.

EL BAÚL
Revista para estudiantes de español

HOJA DE SUSCRIPCIÓN

Nombre y apellidos _____   Edad ____

Dirección y localidad _____

Correo electrónico _____   Profesión _____

Idiomas _____

Aficiones _____

3 A. En esta sopa de letras se esconden diez idiomas. ¿Puedes encontrarlos?

A	F	R	A	N	C	E	S	T	U	K
J	W	E	S	O	A	F	R	U	S	O
A	E	H	O	L	A	N	D	E	S	Y
P	T	A	R	A	B	E	Z	A	I	I
O	E	P	A	R	A	J	O	L	N	N
N	A	J	O	C	E	A	T	S	N	G
E	S	P	A	Ñ	O	L	P	U	O	L
S	G	L	O	E	H	E	A	F	A	E
S	I	T	A	L	I	A	N	O	L	S
L	U	B	V	N	E	F	A	S	E	C
P	O	R	T	U	G	U	E	S	M	I
M	T	U	N	O	P	L	I	U	A	S
E	U	I	O	M	N	G	U	Y	N	S

1. ....
2. ....
3. ....
4. ....
5. ....
6. ....
7. ....
8. ....
9. ....
10. ....

B. ¿En qué lugares hablan los idiomas anteriores?

* ● El francés lo hablan en Francia pero también en muchos países de África, por ejemplo en...

4. A. ¿Recuerdas cómo se conjugan los verbos en Presente de Indicativo?

	ORGANIZAR	CREER	REUNIRSE
(yo)	organiz_____	cre_____	me reún_____
(tú)	organiz_____	cre_____	te reún_____
(él, ella, usted)	organiz_____	cre_____	se reún_____
(nosotros/as)	organiz_____	cre_____	nos reun_____
(vosotros/as)	organiz_____	cre_____	os reun_____
(ellos, ellas, ustedes)	organiz_____	cre_____	se reún_____

B. Los verbos siguientes son irregulares en Presente de Indicativo. Completa la tabla con las formas que faltan.

	ATENDER	ACOSTARSE	COMPETIR	JUGAR	DAR
yo			compito		
tú	atiendes			juegas	
él, ella, usted		se acuesta			da
nosotros/as				jugamos	
vosotros/as		os acostáis			dais
ellos/as, ustedes	atienden		compiten		

C. ¿Qué tipo de irregularidad tienen los verbos del apartado B?

E > IE	U > UE	O > UE	E > I	1ª persona del singular
atender				

D. Ahora, completa las columnas con estos verbos, teniendo en cuenta su tipo de irregularidad.

hacer	estar	ofrecer	pensar
querer	conocer	encontrar	salir
pedir	volver	poner	traducir
traer	poder	empezar	saber

5. A. Este es el cuestionario que tienen que rellenar los clientes de un gimnasio cuando se inscriben. ¿Por qué no lo completas tú?

HÁBITOS DE SALUD

GIM-SALUD
es tu gimnasio

1. ¿Practica algún deporte? ....Sí ....No

¿Cuál? ....

¿Cuántas horas a la semana? ....h.

2. ¿Cuántas horas duerme normalmente? ....h.

3. ¿Qué medio de transporte utiliza para ir al trabajo o a clase? ....

4. ¿Pasa muchas horas al día sentado? ....Sí ....No

5. ¿Cuántas comidas hace al día? ....

6. ¿Qué desayuna normalmente?

....

7. ¿Come fruta y verdura cada día? ....Sí ....No

8. ¿Toma alcohol? ....Sí ....No

¿Cuántas copas a la semana? ....

9. ¿Fuma? ....Sí ....No

¿Cuántos cigarrillos al día? ....

10. ¿Con qué frecuencia va al médico? ....

B. Intercambia tu cuestionario con el de un compañero. ¿Crees que lleva una vida sana? Comentadlo.

* ● Tú llevas una vida muy sana, ¿no? Duermes más de ocho horas cada día...

6. Completa las frases con **por** o **para**.

1. Normalmente me levanto muy temprano _____ hacer gimnasia.

2. El año pasado estuve viajando _____ Asia.

3. La persona que entrevistamos ayer es ideal _____ el Departamento de Ventas.

4. Lo peor _____ mí es tener un trabajo con mucho estrés.

5. Estudio español _____ motivos laborales.

6. _____ la radio han dicho que este fin de semana hará buen tiempo.

7. Me encanta vivir en el campo _____ la tranquilidad. Odio la ciudad.

8. Tenemos que hablar con el jefe _____ saber si trabajamos mañana o no.

9. No he aceptado el trabajo _____ el horario.

10. Tenemos que ir a Madrid _____ la autopista. Si vamos _____ la carretera, no vamos a llegar a tiempo.

11. ¿Has hablado ya con Juan _____ teléfono?

12. Lo peor, _____ mí, es tener un trabajo con mucho estrés.

7. A. Todas estas palabras están relacionadas con el mundo de la empresa. Algunas se refieren a personas o entidades, y otras a documentos escritos. Agrúpalas.

una factura una nómina un candidato un trabajador una baja un contrato un albarán un distribuidor un proveedor un cliente	**Personas o entidades**	**Documentos**

B. Aquí tienes las definiciones de algunas de las palabras anteriores. ¿A qué palabras se refieren?

1. Es un documento que dice el importe que hay que pagar por un producto o un servicio. ....

2. Es una empresa o una persona que suministra productos a una empresa. ....

3. Es un documento en el que el médico certifica que el trabajador está enfermo y no puede trabajar. ....

4. Es una empresa que vende y comercializa productos a otras empresas. ....

5. Es el documento oficial que recibe el trabajador cuando le pagan el sueldo. ....

C. Busca otras palabras en los textos de la página 12 del *Libro del alumno* y descríbeselas a tu compañero. Tiene que adivinar a qué palabra te refieres.

8. A. ¿En qué departamentos crees que realizan estas actividades? Puede haber más de una posibilidad.

1. Llevar las cuentas.

2. Enviar la correspondencia.

3. Visitar a los distribuidores.

4. Tomar nota de los pedidos.

5. Organizar los cursos para los trabajadores.

6. Controlar el transporte de un envío.

7. Atender las reclamaciones.

8. Promocionar los productos.

A. Dpto. Formación

B. Dpto. de Administración

C. Dpto. de Logística

D. Dpto. de Ventas

E. Dpto. de Marketing

B. Comenta con tu compañero qué actividades realiza cada departamento.

 ● En el Departamento de Formación organizan...

9 A. ¿Qué crees que hacen estas personas en su trabajo? Coméntalo con tu compañero.

1. Elisa Castro
Departamento de Personal

2. Eugenio Gaspar
Departamento de Logística

3. Mariano Gallegos
Departamento de Contabilidad

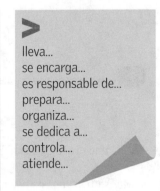

lleva...
se encarga...
es responsable de...
prepara...
organiza...
se dedica a...
controla...
atiende...

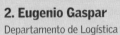 ● Me imagino que Elisa se encarga de los contratos...
● Sí, y también es responsable de...

 B. Escucha y comprueba.

10. Lee la descripción que hacen estas personas de ellas mismas. ¿Te pareces a alguna de las tres? Coméntalo con tu compañero.

Pedro

Soy muy sociable y dinámica. Se me da muy bien tratar con la gente. Nunca estoy de mal humor, aunque a veces, cuando estoy un poco estresada y nerviosa, prefiero estar sola.

Ana

En general, soy una persona alegre, pero cuando estoy enfadado es mejor no estar muy cerca de mí. Soy muy impaciente y un poco nervioso. Tengo muchísima energía y necesito estar siempre ocupado.

Montse

Dicen que soy muy organizada y muy seria. Siempre estoy ocupada y no me gusta nada dejar las cosas para mañana. Me encanta mi trabajo.

 ● Yo soy como Ana, muy sociable...

11. ¿Cómo crees que están estas personas?

1. Marisa tiene un examen muy importante mañana. **Está nerviosa.**

2. Alberto está en la cama. Tiene que visitarlo el médico esta tarde. ....

3. Juan y Ramón han trabajado mucho hoy. ....

4. Carmen ha perdido las llaves de la oficina. ....

5. Los padres de Mercedes están esperándola. Son las tres de la madrugada. ....

6. Hoy es el cumpleaños de Pedro y va a salir a cenar con unos amigos. ....

7. Marta se ha dormido y va a llegar muy tarde al trabajo. ....

8. Antonio ha suspendido un curso y tiene que repetirlo. ....

12. ¿Sabes cuándo se usan los verbos **ser** y **estar**? Relaciona los ejemplos y los diferentes usos.

1. Este es mi coche.

2. Mis amigos son arquitectos.

3. Estamos en el centro de Buenos Aires.

4. Sandra es venezolana.

5. Hoy estoy muy nervioso porque tengo que ir al médico.

6. Soy una persona muy tranquila.

7. Ahora estoy preparando la cena y no puedo salir.

Usos del verbo SER

A. Expresar origen o nacionalidad.
B. Hablar de la profesión o de la actividad laboral.
C. Identificar algo o a alguien.
D. Describir las características de algo o de alguien.

Usos del verbo ESTAR

E. Expresar una acción que esta ocurriendo.
F. Describir el estado físico o de ánimo.
G. Expresar la localización o la ubicación de algo o de alguien.

13. Completa las frases con los verbos **ser**, **estar** o **parecer**.

1. .... muy sociable. Me encanta la gente.

2. .... periodista. Trabajo para una revista internacional.

3. Carlos .... antipático pero no lo es; lo que pasa es que es muy callado.

4. Vosotros .... brasileños, ¿no?

5. No sé dónde .... los niños, ... preocupado.

6. Mis colegas y yo .... preparando la nueva campana de promoción.

7. ¿De dónde .... usted? ¿De Venezuela?

8. Nuestros nuevos diseñadores .... inexpertos porque .... muy jóvenes, pero lo cierto es que son muy buenos profesionales.

9. .... muy cansada, creo que me voy a ir a la cama.

10. Cartagena de Indias .... una ciudad preciosa.

14. ¿Qué relación tiene Miguel con estas personas? Escríbelo.

> Se lleva bien con...
> Se lleva mal con...
>
> Le cae/n bien...
> Le cae/n mal...

1. Pablo, su hijo

5. Petra, su mujer
(llevan 25 años casados)

2. Pedro, el nuevo
amigo de su hija

Miguel

6. El señor Andrade
(un nuevo cliente)

3. Ángel, hace 5 años que
trabaja con Miguel

7. Carlota, su hija

4. El señor Cosme y la señora Remedios,
sus suegros

8. Pedro, un compañero de trabajo (hace dos
días que empezó a trabajar con Miguel)

1. **Se lleva mal con su hijo.**

2. ....

3. ....

4. ....

5. ....

6. ....

7. ....

8. ....

15. A Aquí tienes la opinión de algunos expertos sobre las cualidades que más valoran las empresas en los jóvenes que buscan trabajo.

1. Luis Sampedro, recién diplomado en Relaciones Laborales.
"Pienso que las empresas buscan, sobre todo, gente dinámica, con capacidad de trabajo, actitud abierta y capaz de ponerse al día rápidamente".

2. Emilio Gutiérrez, profesor universitario de Economía de la Empresa.
" Para mí es fundamental la capacidad de comunicación, la amabilidad y el interés por los demás".

3. Berta San Juan, directora de Cosmo-Tec, una empresa de telecomunicaciones.
"En mi opinión, la capacidad de trabajar en equipo, de comunicar entusiasmo, tener conocimientos del mundo de la empresa y ser flexible para adaptarse a los cambios son las cualidades más buscadas por las empresas".

4. Pablo del Olmo, director general de TRConsulting.
"A mí me parece que la credibilidad y la honestidad, junto con una sólida formación y experiencia son los requisitos que más valoran las empresas".

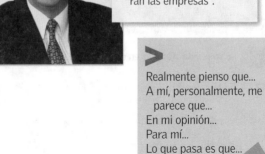

> Realmente pienso que...
> A mí, personalmente, me parece que...
> En mi opinión...
> Para mí...
> Lo que pasa es que...

B. ¿Y según tu opinión? ¿Qué es lo que más valoran las empresas hoy en día? ¿Y lo que más valoran los jóvenes cuando buscan trabajo? Escríbelo.

C. Comenta tus opiniones con tu compañero.

16. Este es el organigrama de Modamás, una empresa que fabrica ropa para jóvenes. ¿En qué departamento crees que puedes trabajar? ¿Por qué? Coméntalo con tu compañero.

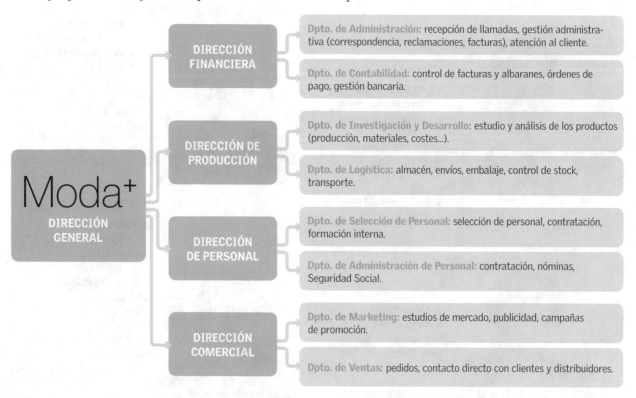

DIRECCIÓN FINANCIERA

Dpto. de Administración: recepción de llamadas, gestión administrativa (correspondencia, reclamaciones, facturas), atención al cliente.

Dpto. de Contabilidad: control de facturas y albaranes, órdenes de pago, gestión bancaria.

DIRECCIÓN DE PRODUCCIÓN

Dpto. de Investigación y Desarrollo: estudio y análisis de los productos (producción, materiales, costes...).

Dpto. de Logística: almacén, envíos, embalaje, control de stock, transporte.

Moda⁺

DIRECCIÓN GENERAL

DIRECCIÓN DE PERSONAL

Dpto. de Selección de Personal: selección de personal, contratación, formación interna.

Dpto. de Administración de Personal: contratación, nóminas, Seguridad Social.

DIRECCIÓN COMERCIAL

Dpto. de Marketing: estudios de mercado, publicidad, campañas de promoción.

Dpto. de Ventas: pedidos, contacto directo con clientes y distribuidores.

● Yo puedo trabajar en el Departamento de Ventas. Me gusta relacionarme con la gente y...

17. A. ¿Has estado haciendo alguna de estas cosas antes de venir a clase?

He estado durmiendo hasta muy tarde.

He estado trabajando.

He estado estudiando español.

He estado hablando con un compañero de clase.

He estado leyendo el periódico.

He estado limpiando mi casa.

He estado paseando.

He estado tomando un café con un amigo.

B. ¿Y anoche? ¿Estuviste haciendo alguna de estas cosas antes de acostarte?

Estuve cenando con unos clientes.

Estuve viendo la televisión.

Estuve leyendo un libro.

Estuve trabajando hasta muy tarde.

Estuve hablando por teléfono con una amiga.

Estuve haciendo deporte.

Estuve escribiendo cartas.

Estuve estudiando para un examen.

C. ¿Cuántos compañeros coinciden en algo contigo? Pregúntales.

● ¿Has estado leyendo el periódico antes de venir a clase?
● No. ¿Y tú, estuviste cenando con alguien anoche?

18. A. Luisa y Marcos están hablando sobre lo que hacen normalmente después de levantarse. ¿Quién dice estas frases, Luisa o Marcos?

	Luisa	Marcos
1. Lo primero que hago es poner la radio.		
2. Pues yo, lo primero que hago es abrir la ventana.		
3. A veces, salgo de casa sin desayunar nada.		
4. No puedo despertarme si no me tomo un café.		
5. Necesito leer algo antes de salir de casa.		
6. Me gusta hacer un poco de ejercicio.		

B. Comenta con tu compañero cuáles son tus hábitos por la mañana antes de salir de casa.

● Yo, si no tomo una ducha, no me despierto.
● Pues yo, a veces, hago un poco de ejercicio...

19. Escribe qué haces normalmente en un día normal, durante la semana. Si trabajas, describe en qué consiste tu trabajo. Si estudias, describe cómo organizas tu día.

Normalmente me levanto a las ...

2

De viaje

1 Hablar de cantidades de personas
2 Medios de transporte
3 Los españoles y el turismo
4 Cuestionario sobre viajes
5 Vocabulario: alojamiento, equipaje, estaciones
  y meses del año
6 Verbos con pronombres personales de OI: **me gusta/n,
  me molesta/n**...
7 Expresar gustos y sentimientos: **me gusta/n, me
  encanta/n, no soporto**...
8 Pretérito Perfecto. Participios irregulares
9 Pretérito Perfecto/Pretérito Indefinido. Marcadores
  temporales
10 Pretérito Perfecto/Pretérito Indefinido en España
   y en Argentina
11 Pretérito Perfecto/Pretérito Indefinido. Marcadores
   temporales
12 Cuestionario: Pretérito Perfecto/Pretérito Indefinido
13 Unas vacaciones en Colombia
14 Condicional
15 Aconsejar: **yo que tú.../yo, en tu lugar...** + Condicional
16 Expresar deseos: **me gustaría** + Infinitivo, Condicional
17 El tiempo
18 Prendas de vestir y estaciones del año

1. A. Ordena de más a menos.

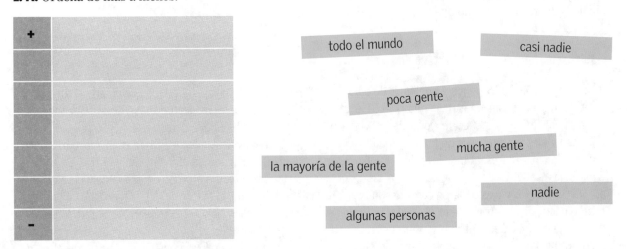

+	
-	

todo el mundo

casi nadie

poca gente

mucha gente

la mayoría de la gente

nadie

algunas personas

B. Elige tres de las expresiones anteriores y escribe tres frases sobre costumbres de tu país relacionadas con las vacaciones.

2. A. Hay muchas maneras de desplazarse de un lugar a otro. Escribe los nombres de estos medios de transporte.

1. .... 2. .... 3. .... 4. .... 5. ....

6. .... 7. .... 8. .... 9. .... 10. ....

B. ¿Qué medio de transporte utilizas con más frecuencia? Coméntalo con tu compañero.

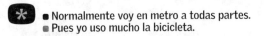

- Normalmente voy en metro a todas partes.
- Pues yo uso mucho la bicicleta.

3. A. Aquí tienes un informe sobre los viajes y desplazamientos turísticos de los españoles. Léelo y escribe al lado de cada gráfico el título que le corresponde.

Los españoles y el turismo

Durante el año 2006, de los 43 millones de personas residentes en España, más de la mitad, el 61%, efectuó algún tipo de viaje. La mayoría de los viajes de los españoles fueron viajes de fin de semana y viajes de vacaciones, representando los primeros el 46% de los viajes y el 29% los segundos.

El 93% de los viajes tuvieron como destino el territorio nacional, mientras que el 7% restante fueron al extranjero, principalmente países europeos. Cuando viajan por España, los españoles escogen mayoritariamente lugares donde ya han estado anteriormente (89%). Los viajeros que eligen un lugar nuevo, se decantan, en su mayoría por el norte de España y las islas (Canarias y Baleares). Un 77% de los viajes al extranjero se hizo a Europa, sobre todo a los países vecinos: Francia fue el destino del 20% de los viajes, Portugal del 14% y Andorra del 8%. Los destinos preferidos fuera de Europa son: Marruecos (4%), Estados Unidos (2%), República Dominicana (2%), Ecuador (2%) y México (1,5%).

Son varios los motivos que impulsan a los españoles a viajar. Hacer vacaciones es el principal, tanto si los viajes son en el interior de España o al extranjero, un 52% y un 55%, respectivamente. En los viajes nacionales, el segundo motivo fue visitar a los familiares y amigos (28%). Este porcentaje se reduce al

21% si los familiares y amigos viven en el extranjero. Sin embargo, se realizaron más viajes de negocios al extranjero (19%) que dentro (12%).

El medio de transporte más utilizado para viajar dentro de España es el coche, que se usa en el 82% de las ocasiones; por orden de importancia le siguen el autobús (7%), el avión (4,5%), el tren (4%) y el barco (0,7%). En los viajes al extranjero, la mitad de los viajes se hicieron en avión y el 32% en coche.

La vivienda de los familiares y amigos es el tipo de alojamiento más usado por los españoles en sus viajes dentro del territorio nacional; se recurre a ella en el 40% de las ocasiones; y se usa la vivienda propia en el 23% de las ocasiones. En cambio, solo se alojan en hoteles en el 18% de los casos, mientras que este es el alojamiento más usado en los viajes al extranjero (55%).

Por lo que respecta a la organización de los viajes, los españoles no son muy previsores, y si se trata de viajes cortos, se planifican el día anterior o el mismo día. Sin embargo, en viajes de larga duración, la planificación más habitual oscila entre una semana y un mes. El uso de internet se está implantando poco a poco en la organización de los viajes, si bien es más frecuente para planificar un viaje al extranjero (37%) que para planificar un viaje dentro de España (12%).

1. **Uso de internet para planificar viajes al extranjero**

2.

3.

4.

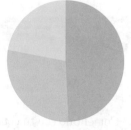

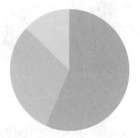

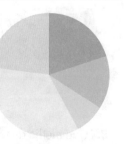

37% Sí
66% No

40% Familiares y amigos
23% Vivienda propia
18% Hoteles

52% Vacaciones
28% Visitar a familiares y amigos
12% Trabajo y negocios

20% Francia
14% Portugal
8% Andorra

B. Vuelve a leer el texto y completa las frases con la información que tienes.

1. Casi todo el mundo ......**viaja a destinos nacionales.**............

2. La mayoría de los españoles ....

3. La mitad de los españoles ....

4. Poca gente ....

5. Algunos ....

6. Nadie ....

4. Pregunta a tu compañero sobre sus viajes: ¿viaja por diferentes motivos? ¿A dónde viaja? ¿Cómo viaja? Completa la tabla siguiente con sus respuestas.

	Por vacaciones	Por trabajo	Por motivos familiares o de amistad
Destinos			
Medio de transporte			
Tipo de alojamiento			

- ¿Viajas por vacaciones?
- Sí, claro. Normalmente voy unos días a la playa y unos días a alguna ciudad extranjera.

5. Clasifica estas palabras.

hotel	verano	*camping*	primavera	febrero
otoño	diciembre	pijama	pasaporte	mochila
invierno	tarjeta de crédito	cámara	enero	julio
maleta	agosto	gafas de sol	pensión	apartamento

Alojamiento	Equipaje	Estaciones del año	Meses del año

6. Relaciona las dos columnas para formar frases.

1. A mí
2. A ustedes
3. A Juan y a mí,
4. Señora Requena, ¿a usted
5. A vosotros,
6. A ti

a. **nos** ponen nerviosos los retrasos en los viajes.
b. **te** pone de mal humor viajar en autobús, ¿verdad?
c. **me** encantan los viajes en avión.
d. ¿**os** molesta el ruido de los coches?
e. ¿**le** importa si el hotel es de una categoría inferior?
f. ¿**les** interesa el arte?

7. A. Piensa en los viajes que has hecho y termina las frases según tu experiencia. Escribe las frases en un papel y dáselo a tu profesor.

1. **Me gustan...**

2. **Me pone muy nervioso/a...**

3. **No soporto...**

4. **No me interesa...**

5. **Me divierte...**

6. **Odio...**

7. **Me molesta...**

8. **Me encantan...**

B. Lee el papel que te ha dado tu profesor. ¿Sabes qué compañero ha escrito las frases que has leído?

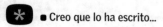 ● Creo que lo ha escrito...

8. A. ¿Te identificas con alguna de estas frases?

1. Hoy he comido poco.

2. No he vivido nunca en un piso de estudiantes.

3. Todavía no he viajado a ningún país de habla española, pero tengo muchas ganas.

4. He estado en España muchas veces.

5. Esta semana no he trabajado.

6. Este año aún no he tenido vacaciones.

B. Ahora completa las formas de los participios.

Pretérito Perfecto (HABER + Participio)

(yo)	**he**	
(tú)	**has**	
(él, ella, usted)	**ha**	viaj
(nosotros/as)	**hemos**	com
(vosotros/as)	**habéis**	viv
(ellos, ellas, ustedes)	**han**	

C. Completa el cuadro.

Los verbos de la primera conjugación (-AR) forman su Participio con la terminación   : habl**ado**.
Los verbos de la segunda conjugación (-ER) y de la tercera (-IR) forman su Participio con la misma terminación   : comprend**ido** y recib**ido**.

D. Algunos participios son irregulares. Aquí tienes algunos de los más importantes. Relaciónalos con el Infinitivo correspondiente.

descubierto   vuelto   hecho   abierto   puesto   cubierto   muerto   dicho   visto   frito   roto   escrito

abrir	....	hacer	....	cubrir	....
poner	....	decir	....	morir	....
descubrir	....	romper	....	escribir	....
ver	....	volver	....	freír	....

E. Ahora, completa estas frases con el verbo adecuado en Pretérito Perfecto.

1. ¿Quién .... la tarta de cumpleaños en el microondas?

2. Todavía no .... la botella de vino. Os estamos esperando.

3. Ana, ¿ya .... el informe? Es bastante urgente.

4. Los colegas de Madrid me .... que la semana próxima hay una reunión en París.

5. Chicos, ¿ .... mi móvil? No lo encuentro por ningún lado.

6. Rafa ha ido al banco y todavía no ....

CD 6 **9. A.** Juan y Rosa están hablando sobre los viajes que han hecho. Escucha la conversación. ¿Quién viaja más, Juan o Rosa?

CD 6 **B.** Escucha otra vez y marca a quién corresponde cada frase.

	JUAN	ROSA
1. Ha estado en Perú dos veces.		
2. En abril estuvo en Italia.		
3. Hace tres días llegó de un viaje por Chile y Argentina.		
4. Este año ha viajado mucho.		
5. Nunca ha estado en México.		
6. Estas vacaciones ha estado en casa.		
7. En mayo hizo un viaje inolvidable a Venezuela.		
8. Todavía no ha estado en Chile ni en Argentina.		
9. El año pasado estuvo en Brasil.		
10. En el 94 estuvo en Nicaragua.		

C. Aquí tienes una lista de marcadores temporales. ¿Con qué tiempo verbal aparecen normalmente?

	PRETÉRITO INDEFINIDO	PRETÉRITO PERFECTO		PRETÉRITO INDEFINIDO	PRETÉRITO PERFECTO
ayer	X		hoy		
todavía no			anteayer		
nunca			la semana pasada		
tres veces			en abril		
el otro día			en 1999		
el martes			hace tres años		
esta semana			el año pasado		

CD 7 **10.** En muchos países donde se habla español el uso del Pretérito Perfecto y del Pretérito Indefinido es diferente. Un profesor español y una profesora argentina están hablando sobre este tema. Escucha y toma notas.

EN ESPAÑA

Pretérito Perfecto

....

Pretérito Indefinido

....

EN ARGENTINA

Pretérito Perfecto

....

Pretérito Indefinido

....

11. Escribe frases sobre cosas que **has hecho** o que **hiciste**.

1. Ayer ....

2. Nunca ....

3. Este fin de semana ....

4. Hace dos años ....

5. Todavía no ....

6. Hoy ....

7. En 1998 ....

8. Este año ....

12. Pregunta a tu compañero si ha hecho estas cosas alguna vez. Si responde que sí, pregúntale cuándo fue la última vez.

	Sí	No	¿Cuándo?
1. Viajar en barco			
2. Coser un botón			
3. Hacer submarinismo			
4. Ir a la ópera			
5. Perder las maletas			
6. Acostarse a las 6 de la mañana			
7. Preparar una cena para unos amigos			
8. Viajar solo/a			

- ¿Has viajado en barco alguna vez?
- Sí.
- ¿Cuándo fue la última vez?
- La última vez que viajé en barco fue hace tres años...

13. A. Este es el correo electrónico que escribe un amigo a otro recomendándole un viaje. Léelo y decide si las frases son verdaderas o falsas.

	Verdadero	Falso
1. Bogotá es una ciudad con barrios históricos.		
2. Subieron al cerro de Monserrate a pie.		
3. En Bogotá tuvieron mucho calor.		
4. En Cartagena de Indias hay unas playas fantásticas.		
5. Fueron a Cartagena de Indias en barco.		
6. De todos los países que conoce, Colombia es el que más le ha gustado.		

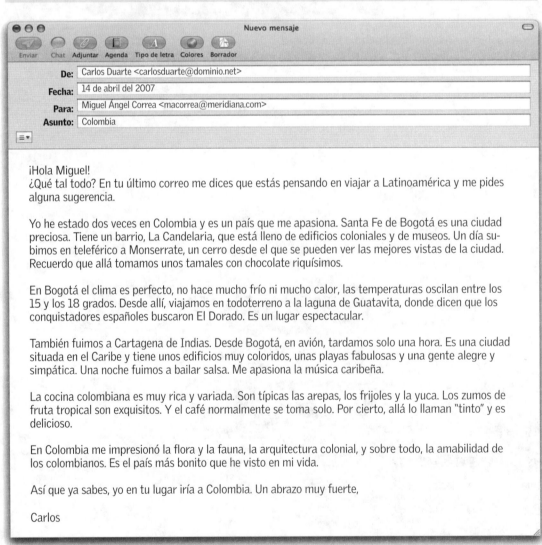

Nuevo mensaje

Enviar Chat Adjuntar Agenda Tipo de letra Colores Borrador

De: Carlos Duarte <carlosduarte@dominio.net>
Fecha: 14 de abril del 2007
Para: Miguel Ángel Correa <macorrea@meridiana.com>
Asunto: Colombia

¡Hola Miguel!
¿Qué tal todo? En tu último correo me dices que estás pensando en viajar a Latinoamérica y me pides alguna sugerencia.

Yo he estado dos veces en Colombia y es un país que me apasiona. Santa Fe de Bogotá es una ciudad preciosa. Tiene un barrio, La Candelaria, que está lleno de edificios coloniales y de museos. Un día subimos en teleférico a Monserrate, un cerro desde el que se pueden ver las mejores vistas de la ciudad. Recuerdo que allá tomamos unos tamales con chocolate riquísimos.

En Bogotá el clima es perfecto, no hace mucho frío ni mucho calor, las temperaturas oscilan entre los 15 y los 18 grados. Desde allí, viajamos en todoterreno a la laguna de Guatavita, donde dicen que los conquistadores españoles buscaron El Dorado. Es un lugar espectacular.

También fuimos a Cartagena de Indias. Desde Bogotá, en avión, tardamos solo una hora. Es una ciudad situada en el Caribe y tiene unos edificios muy coloridos, unas playas fabulosas y una gente alegre y simpática. Una noche fuimos a bailar salsa. Me apasiona la música caribeña.

La cocina colombiana es muy rica y variada. Son típicas las arepas, los frijoles y la yuca. Los zumos de fruta tropical son exquisitos. Y el café normalmente se toma solo. Por cierto, allá lo llaman "tinto" y es delicioso.

En Colombia me impresionó la flora y la fauna, la arquitectura colonial, y sobre todo, la amabilidad de los colombianos. Es el país más bonito que he visto en mi vida.

Así que ya sabes, yo en tu lugar iría a Colombia. Un abrazo muy fuerte,

Carlos

 B. Escribe a un amigo contándole cómo fueron tus vacaciones en un lugar que te gustó mucho. Utiliza el texto anterior como modelo.

14. A. Completa las terminaciones de los verbos que faltan.

Condicional

PREPARAR	COMER	PEDIR
prepararía	comer ___	pediría
preparar ___	comerías	pedir ___
prepararía	comer ___	pediría
preparar ___	comeríamos	pedir ___
prepararíais	comer ___	pediríais
preparar ___	comerían	pedir ___

B. ¿Sabes cómo se conjugan estos verbos en primera persona o en tercera persona del singular? Recuerda que son irregulares.

decir **diría** ___ hacer ___ querer ___ tener ___
venir ___ poder ___ salir ___ saber ___

C. Completa el texto con las palabras que faltan: **Infinitivo, Futuro, Condicional.**

Todos los verbos en ___ se conjugan de la misma forma. Los verbos regulares se forman a partir del ___ completo y después se añaden las terminaciones **-ía, -ías, -ía, -íamos, -íais, -ían.**
Por ejemplo: **preparar-prepararía..., comer-comería..., pedir-pediría...** Los verbos irregulares cambian la raíz y tienen la misma irregularidad que los verbos en ___, por ejemplo: **decir-diría.**

15. A. (CD 8-10) Escucha a estas personas que están en situaciones en las que no saben qué hacer. ¿Qué problema tienen?

1. ___
2. ___
3. ___

B. ¿Cuál de estos consejos le darías a cada una?

☐ Yo, en tu lugar, les llevaría un postre. ☐ Yo, me esperaría un poco más...
☐ Yo que tú, primero iría a dar un paseo por el centro de la ciudad.

C. ¿Qué otros consejos les darías tú? Escribe uno para cada persona.

1. ___
2. ___
3. ___

16. ¿Cuáles son tus deseos sobre los siguientes temas? Coméntalo con tu compañero.

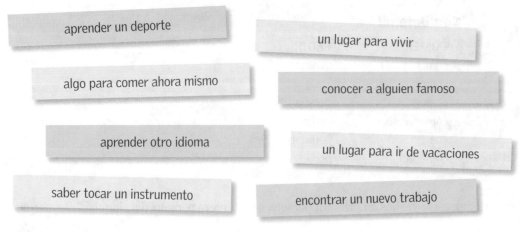

aprender un deporte

un lugar para vivir

algo para comer ahora mismo

conocer a alguien famoso

aprender otro idioma

un lugar para ir de vacaciones

saber tocar un instrumento

encontrar un nuevo trabajo

✳
● A mí me gustaría aprender a jugar al fútbol.
● Pues yo aprendería a escalar.

17. A. Observa las fotografías. ¿Qué tiempo crees que hace en cada lugar?

Patagonia (Argentina)

Isla Saona (República Dominicana)

B. ¿A cuál de los dos lugares te gustaría ir? ¿Por qué? Coméntalo con tu compañero.

✳
● Yo preferiría ir a la Patagonia porque me encanta el frío.
● Yo no soporto estar de vacaciones en un lugar donde hace frío.

18. A. ¿Qué tiempo hace en tu ciudad? Completa en esta tabla la columna "tiempo".

	Tiempo	Prendas de vestir
De enero a marzo		
De abril a junio		
De julio a septiembre		
De septiembre a diciembre		

B. Escribe los nombres de estas prendas.

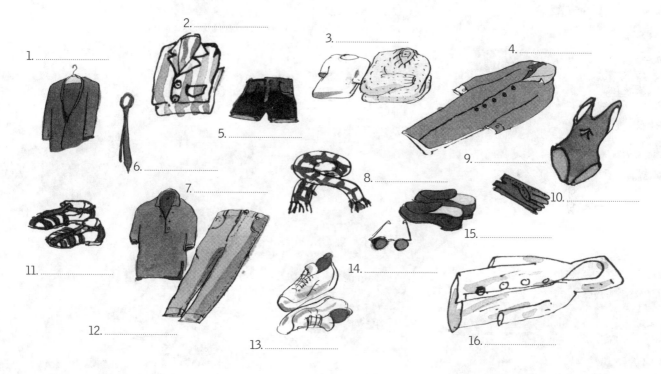

1. ....
2. ....
3. ....
4. ....
5. ....
6. ....
7. ....
8. ....
9. ....
10. ....
11. ....
12. ....
13. ....
14. ....
15. ....
16. ....

C. ¿Qué prendas de vestir llevas en las diferentes épocas del año? Completa la columna "prendas de vestir" de la tabla del apartado A.

D. Compara tu lista con la de tu compañero.

✳ ● Yo nunca llevo abrigo hasta noviembre.
  ● Yo sí. En octubre ya hace mucho frío.

Hace	sol calor frío viento	**Está nublado**
		Llueve **Nieva**
Hay	tormenta niebla humedad	

3

Productos de ayer y de hoy

1 Describir y hablar de acciones habituales/
  puntuales: la historia del chocolate
2 Pretérito Indefinido. Verbos regulares
3 Acentuación de verbos en Pretérito Indefinido
4 Pretérito Indefinido. Verbos irregulares en
  tercera persona
5 Un anuncio de chocolate. Pretérito Imperfecto
6 La historia de SEAT
7 Anacronismos
8 **Seguir** + Gerundio, **soler/dejar de/empezar a**
  + Infinitivo
9 Una carta al director
10 Pretérito Imperfecto
11 Regalos de infancia
12 **Cuando era pequeño...**
13 La historia de Bic
14 **Ya/ya no** y **todavía/todavía no**
15 **Ya/todavía, dejar de** + Infinitivo, **seguir**
  + Gerundio
16 Pronombres de OD + OI
17 Pronombres de OD + OI

1. A. Estas frases resumen la historia del chocolate. ¿Puedes ordenarlas cronológicamente?

Hernán Cortés introdujo el chocolate en la corte española.

El cacao ya se conocía en el antiguo México de los olmecas.

Los mayas celebraban una fiesta en honor del dios del cacao.

En Inglaterra se fabricó la primera tableta de chocolate.

En el siglo XVII la gente empezó a consumir chocolate en Europa.

Los aztecas tomaban el cacao mezclado con otras especias como bebida.

Nació el chocolate con leche y se industrializó su elaboración.

B. Lee el texto de la página 33 del *Libro del alumno* y comprueba si has ordenado las frases correctamente.

2. A. ¿Recuerdas cómo se conjugan los verbos regulares en Pretérito Indefinido? Escribe las formas de los verbos.

REGALAR	INVENTAR		PERDER	OFRECER
regalé	....		....	ofrecí
....	inventaste		perdiste	....
regaló	....		....	ofreció
regalamos	....		perdimos	....
....	inventasteis		perdisteis	....
regalaron	....		....	ofrecieron

RECIBIR	ADQUIRIR
recibí	....
....	adquiriste
....	adquirió
recibimos	....
....	adquiristeis
recibieron	....

B. Observa los verbos anteriores. ¿Recuerdas cuál es la primera persona del plural (nosotros/as) en Presente de los verbos anteriores? Completa el cuadro.

Las formas de primera persona de plural (nosotros/as) de los verbos acabados en .... y en ....

se conjugan de la misma forma en Pretérito Indefinido que en Presente de Indicativo.

3. A. Escucha las siguientes formas verbales y escríbelas en la columna que corresponda según su acentuación.

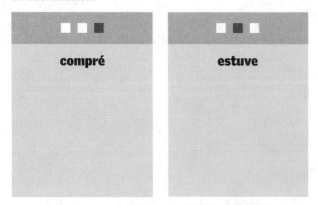

▢ ▢ ▪	▢ ▪ ▢
compré	**estuve**

B. ¿Sabes cuáles de los verbos anteriores son regulares y cuáles irregulares en Pretérito Indefinido?

C. Ahora, completa.

> La 1.ª y 3.ª persona del singular (yo, él/ella, usted) del Pretérito Indefinido de los verbos
> .... la sílaba fuerte es la última: **compré...** En cambio, en los verbos
> .... la sílaba fuerte es la penúltima: **estuve...**

4. A. Fíjate en la forma del Pretérito Indefinido de los verbos **leer** y **pedir**. ¿Qué irregularidad observas?

LEER	PEDIR
leí	pedí
leíste	pediste
leyó	pidió
leímos	pedimos
leísteis	pedisteis
leyeron	pidieron

B. Ahora conjuga estos verbos.

CONSTRUIR	I > Y	OÍR		SENTIR	E > I	MENTIR

5. A. Observa este anuncio, de los años 40, de una marca de chocolate argentina. ¿En qué época de la historia de América crees que está ambientado?

Historia del chocolate

Moctezuma II, emperador de México (1502-1519 aproximadamente), tomaba siempre *xocolalt* o chocolate después de comer y lo bebía en copas de oro o nácar. El chocolate era la bebida de los dioses y solo lo consumían las personas de alta posición social. Era tan importante el valor del cacao que sus semillas se utilizaban como monedas y algunos de los pueblos sometidos al imperio azteca pagaban sus tributos al emperador en esa moneda. Actualmente la industria argentina cuenta con un valor indiscutible: el CHOCOLATE ÁGUILA, poderoso alimento de exquisito sabor.

CHOCOLATE ÁGUILA es un producto Saint hermanos

B. Fíjate en los verbos que aparecen en el anuncio y completa este cuadro. ¿En qué tiempo verbal están?

	TOMAR	BEBER	CONSUMIR	SER
yo				
tú				
él, ella, usted				
nosotros/as				
vosotros/as				
ellos, ellas, ustedes				

C. Completa el cuadro conjugando todos los verbos. ¿Hay algún verbo irregular? ¿Cuál es? ¿Qué otros dos verbos son irregulares en el Pretérito Imperfecto?

6. Lee el texto sobre SEAT, una marca de automóviles española, y escribe un resumen para cada década.

SEAT, EL COCHE

SEAT, el símbolo de la industria automovilística española, nació el 9 de mayo de 1950. El capital inicial fue de 600 millones de pesetas que desembolsaron el INI (Instituto Nacional de Industria), un grupo de bancos y la marca italiana FIAT. El primer coche salió de la fábrica de Barcelona en noviembre de 1953.

"Montábamos los coches que traían de fuera. Un día hacíamos dos coches y otro, cuatro", recuerda Antonio Barrios que, en julio de 1954, entró a trabajar en la empresa como mecánico. "Trabajábamos 48 horas a la semana. Yo ganaba entonces 4,70 pesetas a la hora y al poco tiempo me subieron el sueldo a 5,20 pesetas", afirma este antiguo empleado que, con el tiempo, ascendió a director de producción y se jubiló en 1996 después de 42 años en la empresa.

De aquellos tiempo solo queda el recuerdo. En la década de los noventa la producción de coches aumentó considerablemente; en 1999 Seat fabricó 500 000 coches frente a los 2000 de 1954. Lo producción actual es de 2240 coches diarios frente a los cuatro que recuerda el antiguo empleado. En aquella época trabajaban 925 personas y hoy SEAT cuenta con 11 000 empleados.

La empresa empezó a tener éxito a partir de 1957 con el lanzamiento del 600. Este coche se convirtió en símbolo del desarrollo en la España de los años sesenta. Gracias al crecimiento de la economía, la demanda empezó a aumentar y la fábrica pasó de producir 400 coches al año a 30 000. El 600 pasó a ser el coche más vendido de la marca SEAT. En total se vendieron 800 000 unidades; dejó de fabricarse en 1973. Al 600 le siguieron otros coches como el 1500, el 850, el 127 y el 124. Este último salió de la cadena de montaje en mayo de 1968.

A finales de los setenta, debido a los cambios políticos por los que pasaba el país, la empresa empezó a dejar de dar beneficios y FIAT abandonó el capital SEAT. En 1983, SEAT empezó a buscar un socio tecnológico y financiero y, finalmente, en 1986, Volkswagen se hizo cargo de SEAT.

La fábrica de Martorell, una de las más modernas de Europa, fue inaugurada en 1993. En el año 2006 salieron de esta fábrica más de 400 000 automóviles.

A partir de los años noventa la empresa desarrolla una nueva gama de automóviles que llevan nombres de ciudades españolas: Altea, Córdoba, Ibiza, Toledo, León.

Tras un descenso en las ventas en 2007, la empresa se dispone a conquistar nuevos mercados como el de los Estados Unidos.

Los cincuenta	
Los sesenta	
Los setenta	
Los ochenta	
Los noventa	
2000	
Hoy	

◎

La peseta era la moneda oficial de España. Desapareció de la circulación en 2002, cuando se sustituyó por el euro. Un euro equivale a 166,386 pesetas.

7. Observa este despacho de principios del siglo xx y busca elementos que no correspondan a esa época.

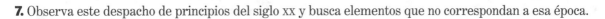 ● En aquella época la gente no...

8. A. Completa con los verbos **seguir**, **dejar**, **soler** y **empezar** en los tiempos adecuados, así como con una preposición si es necesaria.

1. Normalmente no salgo mucho pero los viernes .... ir al cine después de cenar.
2. Ayer .... hacer una dieta. Espero perder muchos kilos.
3. ● ¿ .... trabajando en el mismo lugar?
   ● Sí, pero ahora soy el responsable del Departamento de Ventas.
4. Cuando Tomás era agente comercial, ... pasar por la oficina todas las tardes.
5. Antes me llamaba todas las tardes, pero el año pasado .... hacerlo, y no sé por qué.
6. La semana pasada .... fabricar un nuevo producto que creemos que va a tener mucho éxito.
7. ● ¿Qué tal con Carmen? .... trabajando juntos, ¿no?
   ● Desgraciadamente no, ... trabajar en la misma empresa el mes pasado.
8. .... fumar hace muchos años y, la verdad, me encuentro ahora mucho mejor.
9. Hoy ha llegado tarde, pero .... ser muy puntual.
10. Queremos .... trabajar con esta agencia. No estamos contentos con su trabajo.

B. Algunas de las perífrasis del apartado A se pueden sustituir por **todavía** o por **ya no**. ¿Cuáles?
¿Puedes reformular las frases?

9. A. Lee esta carta al director de un periódico. ¿Existe el mismo problema en la ciudad en la que vives?

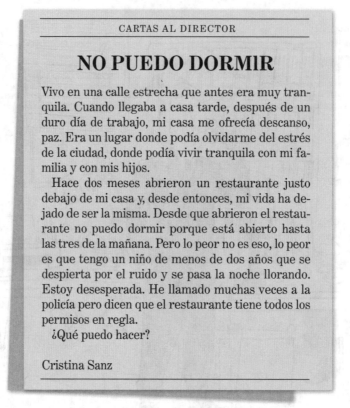

CARTAS AL DIRECTOR

NO PUEDO DORMIR

Vivo en una calle estrecha que antes era muy tranquila. Cuando llegaba a casa tarde, después de un duro día de trabajo, mi casa me ofrecía descanso, paz. Era un lugar donde podía olvidarme del estrés de la ciudad, donde podía vivir tranquila con mi familia y con mis hijos.

Hace dos meses abrieron un restaurante justo debajo de mi casa y, desde entonces, mi vida ha dejado de ser la misma. Desde que abrieron el restaurante no puedo dormir porque está abierto hasta las tres de la mañana. Pero lo peor no es eso, lo peor es que tengo un niño de menos de dos años que se despierta por el ruido y se pasa la noche llorando. Estoy desesperada. He llamado muchas veces a la policía pero dicen que el restaurante tiene todos los permisos en regla.

¿Qué puedo hacer?

Cristina Sanz

B. Piensa en la ciudad en la que vives. ¿Ha cambiado mucho en los últimos años? ¿Crees que ha empeorado? ¿Tienes alguna queja sobre alguno de lo siguientes aspectos?

servicios públicos (bibliotecas...)	seguridad	vivienda
transporte público	iluminación	zonas verdes
limpieza	tráfico	ruido ambiental

C. Fíjate en la carta del apartado **A** y, siguiendo ese modelo, escribe una carta de queja a un periódico local.

Carta al director

10. ¿Con cuáles de estas frases te identificas? Coméntalo con tu compañero.

Antes trabajaba menos que ahora.

Cuando era pequeño/a era muy tranquilo/a.

Cuando tenía diez años iba a la escuela en autobús.

Hace dos años no vivía aquí.

En mi casa, cuando era pequeño/a, siempre había mucha gente.

Antes leía el periódico solo los domingos, ahora lo leo todos los días.

Cuando tenía quince años no salía nunca por la noche.

De pequeño/a no me gustaba comer carne.

Antes me levantaba después de las ocho, ahora me levanto antes.

Antes tomaba café por la mañana, ahora solo después de comer.

● Antes trabajaba menos.
● A mí me pasa lo mismo. Ahora trabajo más que antes...

 11. A. Escucha las conversaciones. ¿A qué personajes se refieren en cada una?

 B. ¿Cuándo traen los regalos estos personajes? Puedes volver a escuchar las conversaiones.

Los Reyes Magos	El ratoncito Pérez	Papá Noel

....

C. Comenta con tu compañeros en qué ocasiones recibías regalos cuando eras pequeño.

 ● A mí siempre me regalaban cosas cuando...

12. A. ¿Cómo crees que eran Silvia y Alberto cuando eran pequeños? ¿Qué hacían? Escríbelo.

Silvia

Alberto

* ● Silvia veía la televisión todos los días...

B. Escucha y comprueba.

C. ¿Cómo eras tú? Escríbelo en un papel y dáselo a tu profesor.

D. Lee el papel que te ha dado tu profesor y, con tu compañero, intentad adivinar quién lo ha escrito.

13. Completa la historia del bolígrafo Bic con los verbos que faltan en pasado.

En 1946, Marcel Bich, barón de Bich, nacido en Turín (Italia) (**comprar**) .... un taller de fabricación de plumas estilográficas en París. En aquella época la gente (**escribir**) ....con pluma, (**ser**) .... un instrumento incómodo y caro. La punta (**romperse**) .... con frecuencia y los papeles (**ensuciarse**) .... con facilidad. En 1951, Bich (**comprar**) .... una patente, la (**perfeccionar**) .... y (**crear**) .... su propia marca, para ello le (**quitar**) .... la "h" a su apellido: Bic.

Al poco tiempo, el barón (**popularizar**) .... el bolígrafo y para lograr sus objetivos, (**automatizar**) .... su fabricación con el propósito de producir grandes series y reducir los costes.

A través de la publicidad, el producto (**empezar**) .... a conocerse en toda Francia y muy pronto (**abrir**) .... mercados en toda Europa y en territorios franceses de África. En 1958 (**iniciar**) .... su aventura al otro lado del Atlántico y (**adquirir**)..........................una participación mayoritaria de la sociedad americana Waterman, que le (**servir**) .... de base para fundar la compañía Bic Corporation.

La masiva implantación del bolígrafo (**modificar**) .... radicalmente el sistema de escritura de la época e (**influir**) .... en las costumbres sociales. El Bic (**convertirse**) .... en el instrumento de escritura más utilizado. Entre sus modelos más emblemáticos hay que destacar el Bic Cristal y el Bic Naranja, que forman parte de la historia de la escritura.

14. A. Lee estas frases. Todas son correctas. ¿A qué situación corresponde cada una?

1. **Ya** he escrito el informe.
2. **Todavía no** he escrito el informe.
3. **Ya no** escribo informes.
4. **Todavía** escribo informes.

A. Antes escribía informes y ahora también.
B. He terminado el informe que estaban esperando.
C. Antes escribía informes en mi trabajo, ahora hago otras cosas
D. No he terminado el informe pero voy a terminarlo pronto.

B. Ahora reescribe estas frases. Utiliza **ya, ya no**, **todavía** o **todavía no**.

1. Estoy preparando la cena. Terminaré dentro de media hora. ....

2. He vendido todos los productos que tenía que vender este año. ....

3. Ahora trabajo en una oficina y antes trabajaba en una fábrica. ....

4. No he cambiado de casa. Vivo en la casa de siempre, en la Avenida de América. ....

5. Antes enviábamos faxes, ahora solo correos electrónicos. ....

6. No hemos cambiado de asesor, seguimos trabajando con el señor Martínez. ....

15. A. Luisa ha decidido llevar una vida sana y para ello ha cambiado sus hábitos. ¿Qué crees que hacía antes y qué crees que ha cambiado en su vida? Coméntalo con tu compañero.

✱ ● Antes comía pizza y ahora ya no.
● No sé... comer pizza no es tan malo... Seguro que sigue comiendo...

CD 17 **B.** Escucha ahora a Luisa. ¿Qué cosas han cambiado en su vida? Escríbelo.

CD 17 **C.** Compara tus respuestas con las de tu compañero y vuelve a escuchar para comprobar.

D. ¿Y en tu vida? ¿Han cambiado muchas cosas? Escríbelo.

16. En el despacho de Caotic S. A. hay que reponer algunos objetos porque se han roto o están muy usados. Mira la ilustración y decide a quién le comprarías cada objeto.

Elsa   **Teresa**   **Raúl**

1. ¿A quién le comprarías una impresora?   **Se la compraría a Teresa y a Raúl.**

2. ¿A quién le comprarías un monitor nuevo?

3. ¿A quién le comprarías una silla?

4. ¿A quién le comprarías bolígrafos nuevos?

5. ¿A quién le comprarías otro teclado?

6. ¿A quién le comprarías una mesa nueva?

7. ¿A quién le comprarías otra calculadora?

8. ¿A quién le comprarías una lámpara?

17. Completa las frases con los pronombres que faltan.

1. ● ¿Has enviado el pedido a aquel cliente?
   ● Sí, ... lo envié ayer.

2. ● ¿Os han dado el permiso de exportación?
   ● Sí, ... dieron ayer.

3. ● Me gusta mucho tu traje.
   ● Sí, a mí también. .... lo regalaron para mi cumpleaños.

4. Mañana se van de viaje y todavía no .... hemos entregado los billetes de avión.

5. Sr. García, la agenda .... la enviamos ayer.

6. ● ¿Cuándo .... disteis los documentos a Marta?
   ● .... dimos la semana pasada.

1. Elige la opción más adecuada.

1. _____ muy bien con Marta. Es muy simpática.
   - a. Llevo
   - b. Me cae
   - c. Me llevo
   - d. Caigo

2. ● ¿Qué _____ ?
   ● Nada. _____ un poco cansado.
   - a. te encuentras/Estoy
   - b. te encuentras /Soy
   - c. te pasa/Estoy
   - d. te pasa/Soy

3. Estudio español _____ comunicarme con mis clientes.
   - a. por
   - b. para
   - c. a
   - d. porque

4. Claudio trabaja en el Departamento de Ventas. Toma nota de _____ .
   - a. los proveedores
   - b. los pedidos
   - c. los albaranes
   - d. el transporte

5. Inma es directora del Departamento de Formación. _____ a organizar cursos de formación para el personal de la empresa.
   - a. Se dedica
   - b. Es responsable
   - c. Se encarga
   - d. Lleva

6. El año pasado _____ en una empresa de informática. Ahora está en una de telecomunicaciones.
   - a. estuvo trabajando
   - b. ha trabajado
   - c. está trabajando
   - d. ha estado trabajando

7. Marisa _____ muy amable pero cuando _____ cansada puede ser terrible.
   - a. es/es
   - b. está/está
   - c. es/está
   - d. está/es

8. En España _____ viajan con la familia.
   - a. mucha gente
   - b. la mayoría de la gente
   - c. todo el mundo
   - d. muchas personas

9. A mí, _____ los libros de viajes.
   - a. me apasiona
   - b. me apasionan
   - c. me apasiono
   - d. apasiono

10. Alfredo _____ en Brasilia hace cinco años.
    - a. fue
    - b. estuvo
    - c. estaba
    - d. estaría

11. ● ¡Has llegado muy pronto! ¡Qué bien!
    ● Es que _____ en taxi.
    - a. he traído
    - b. he llevado
    - c. he venido
    - d. he dejado

12. Yo, en tu lugar, _____ en coche. Está un poco lejos...
    - a. iré
    - b. iría
    - c. irás
    - d. irías

13. Es una región muy húmeda y siempre está _____ .
    - a. calor
    - b. llueve
    - c. nublado
    - d. tormenta

14. Para ir a la reunión es mejor vestir de manera formal. ¿Por qué no llevas un _____ ?
    - a. albornoz
    - b. traje
    - c. polo
    - d. cinturón

15. A Pedro y a Marta no _____ interesan los museos.
    - a. les
    - b. le
    - c. le
    - d. se

16. En aquella época la gente _____ más horas.
    - a. ha trabajado
    - b. trabajaba
    - c. trabajó
    - d. estuvo trabajando

17. Nuestros clientes _____ siendo lo más importante.
    - a. siguen
    - b. empiezan
    - c. dejan
    - d. suelen

18. He recibido su correo electrónico y _____ mucho las molestias causadas.
    - a. disculpo
    - b. lamento
    - c. pedimos disculpas por
    - d. perdone

19. A Juan Pedro, el coche _____ regalaron sus padres.
    - a. lo se
    - b. lo
    - c. se lo
    - d. se

20. _____ 30 años solo producían 100 ordenadores diarios.
    - a. Hay
    - b. Después
    - c. Hace
    - d. Más tarde

Resultado: _____ de 20

44

2. Completa el texto con las palabras adecuadas.

ALMACENES LA PERLA

Don Manuel Belver Vara nació el 18 de octubre de 1905 en Samir, un pueblecito de la provincia de Zamora. Cuando tenía 15 años emigró a Buenos Aires. Allí comenzó a trabajar como aprendiz en los Almacenes La Plata, donde su hermano era el encargado de **(1)** ____ de caballeros.

Cuatro años después se trasladó a Brasil. Durante ese periodo estuvo trabajando en una empresa de tejidos donde era el **(2)** ____ de la importación.

En 1935 volvió a España y en Madrid **(3)** ____ una pequeña tienda de ropa que estaba en la Gran Vía: Almacenes La Perla. Contaba con cinco dependientes que se dedicaban a **(4)** ____ a los clientes y tres **(5)** ____ que

trabajaban en el taller de confección.

Después de la Guerra Civil, en 1940, **(6)** ____ otra tienda en Madrid y, pocos años más tarde, empezó a abrir almacenes en las capitales más importantes del país. A partir de ese momento los establecimientos comenzaron a funcionar con **(7)** ____ de departamentos: niños, señora, caballero. hogar...

Desde sus comienzos, Almacenes La Perla diseñó un estilo propio de gestión, basado en la dirección de don Manuel Belver y su grupo de colaboradores. Poco a poco los directivos de **(8)** ____ se convirtieron en accionistas. El éxito de La Perla consistía en ofrecer a los clientes calidad y moda a

buen precio, y todo en un mismo lugar.

En los años sesenta La Perla tenía más de 50 **(9)** ____ en España. En el año 1974 se creó el Grupo La Perla con la adquisición y creación progresiva de diferentes empresas: Perla Electronics. Viajes La Perla, Seguros La Perla, Perla Constructores, Editorial Belver y Teleperla.

Don Manuel Belver sentía que tenía una deuda con la sociedad y por esa razón, en 1980, un año antes de morir, creó la Fundación Manuel Belver, una fundación cultural privada bajo la protección del Ministerio de Educación. Actualmente, la Fundación y sus accionistas **(10)** ____ el Grupo La Perla.

(1)	a. la distribución	b. la correspondencia	c. la sección
(2)	a. operador	b. responsable	c. candidato
(3)	a. encargó	b. adquirió	c. convirtió
(4)	a. atender	b. probar	c. formar
(5)	a. puestos	b. empleados	c. contratos
(6)	a. inauguró	b. invirtió	c. presentó
(7)	a. un requisito	b. un sector	c. una estructura
(8)	a. la cadena	b. la producción	c. la expectativa
(9)	a. lugares	b. sucursales	c. novedades
(10)	a. clausuran	b. administran	c. suministran

Resultado: de 10

3. ¿Cómo les gusta viajar a Javier y a Aurora?

	JAVIER	AURORA
Medio de transporte		
Destino		
Alojamiento		
Acompañantes		
Equipaje		

Resultado: de 10

4. Piensa en la estructura de una empresa. Decide primero qué tipo de empresa es y qué actividad realiza. Describe cómo está organizada y qué hacen las personas que trabajan en cinco de sus departamentos.

Resultado: de 10

TOTAL: de 50

45

4

Normas en la empresa

1 Partes del cuerpo y salud laboral
2 Vocabulario para hablar de la salud
3 Vocabulario. Definiciones
4 Aspectos de una empresa
5 **Se** impersonal. Costumbres en las comidas
6 Artículo sobre la formalidad en el vestir
7 Imperativo. Verbos regulares
8 **Se** impersonal. Artículo sobre el ahorro y uso del papel
9 Imperativo negativo: **tú, vosotros**
10 Imperativo con pronombres
11 **Está prohibido, no se puede, no se permite, se prohíbe**
12 Vocabulario para hablar de salud y consejos
13 **Poder** y **deber**
14 Test: ¿es usted organizado/a?
15 Un prospecto

1. A. Lee el siguiente texto y coloca las palabras en negrita en la ilustración.

Uno de los temas que más preocupan a los trabajadores de muchos sectores es el de la salud laboral. El primer paso para poder tomar medidas preventivas es reconocer los riesgos. Y cada uno de nosotros tiene que hacer lo posible por evitarlos.

Estos son algunos de los problemas que pueden aparecer:

- Una mala postura o movimientos repetitivos pueden ser el origen de dolores de **espalda** o de inflamaciones en **brazos**, **codos** o **manos**.
- Los trabajadores que están muchas horas de pie deben hacer todo lo posible para andar y así evitar dolores y cansancio en las **piernas**, **pies** y **rodillas**.
- Siempre que haya productos químicos hay que aplicar todas las medidas de seguridad para evitar que entren en contacto con **ojos**, **boca** y otras partes sensibles.
- Si estamos muchas horas delante del ordenador, tenemos que hacer descansos breves de algunos minutos. Así nuestros ojos y nuestros **brazos** (especialmente el derecho, con el que manejamos el ratón) se mantendrán sanos.

La salud laboral

B. A partir de la información anterior, ¿qué consejos darías a estas personas?

Soy peluquero.

Soy diseñadora gráfica.

2. Coloca estas palabras debajo del verbo que les corresponda. Algunas pueden ir en más de una columna.

el brazo   un dedo   los pies   resfriado/a   la pierna
cansado/a   fatal   la cabeza   fiebre   la espalda
mal   la gripe   sueño   de baja   enfermo/a
                  el estómago   hambre   mareado/a

me duele/n	estoy	tengo	me encuentro	me he roto

3. A. ¿A qué palabras corresponden las siguientes definiciones?

sueldo	receta	regalo	tuteo	jerarquía	apellido	cumpleaños

1. En una empresa, orden que existe entre los trabajadores que tienen diferentes responsabilidades. ....

2. Dinero que se recibe regularmente por un trabajo realizado al final de un mes o de una semana. ....

3. Nombre de familia. Puede ser del padre o de la madre. ....

4. Forma de tratar a alguien de manera informal. ....

5. Cosa que alguien da o recibe por algún motivo especial. ....

6. Día en que se recuerda el nacimiento de alguien. ....

7. Papel que da el médico y que sirve para adquirir un medicamento. ....

B. Ahora busca tres palabras que han aparecido hasta ahora en el libro y escribe una definición para cada una. Tu compañero tiene que intentar descubrirlas.

4. ¿Trabajas o has trabajado alguna vez? Comenta con tu compañero cómo son (o eran) estos aspectos en tu trabajo.

los horarios
la manera de vestir
la formación
el sueldo
el trato con los compañeros
las vacaciones
las comidas
las celebraciones

- En mi empresa es muy importante la puntualidad.
- Yo, ahora mismo no trabajo, pero en la empresa donde trabajé el verano pasado se podía llegar a cualquier hora...

5. En muchas empresas españolas son frecuentes las siguientes costumbres relacionadas con las comidas. ¿En tu empresa se hace lo mismo? ¿Y en tu escuela de español?

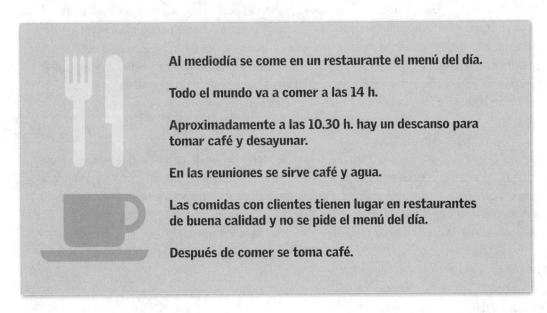

Al mediodía se come en un restaurante el menú del día.

Todo el mundo va a comer a las 14 h.

Aproximadamente a las 10.30 h. hay un descanso para tomar café y desayunar.

En las reuniones se sirve café y agua.

Las comidas con clientes tienen lugar en restaurantes de buena calidad y no se pide el menú del día.

Después de comer se toma café.

- En mi empresa hay un comedor.
- En la mía, cada persona trae la comida preparada de su casa.

6. A. Lee el texto. ¿Puedes ponerle un título?

En las listas de "mujeres u hombres mejor vestidos" de las revistas de moda, suelen aparecer estrellas del espectáculo, jugadores de fútbol, diseñadores y hasta políticos. Sin embargo, es muy extraño que los ejecutivos más famosos del mundo se encuentren en esas listas.

Las personas que ocupan cargos importantes en las empresas parecen, hoy en día, muy desorientados y no saben qué ropa usar. ¿Deben vestir de manera informal si sus empresas tienen códigos de vestimenta informal? ¿O esto podría hacerles perder seguridad? ¿Cuál es el límite? ¿Está bien asistir a una reunión vestidos como si fueran al cine? ¿Y si por evitar el exceso de informalidad pecan de demasiado formales? Luis González, ejecutivo de Interdirecto en España, comenta su malestar cuando, obligado por la normativa de su empresa, asiste a reuniones sin corbata. "Al principio me sentía muy incómodo. En España todavía parece que un ejecutivo sin corbata tiene menos poder que uno que la lleva".

Hay mucha confusión sobre los códigos de formalidad en el vestir. Cada vez son más los ejecutivos de primer nivel que, imitando a los políticos, contratan a asesores personales de imagen. Elena Ribera, asesora de imagen, afirma que el modo de vestir de un alto ejecutivo es vital para la compañía. "Si usted representa a una empresa, usted es esa empresa a los ojos de los demás", dice. "Si la imagen de un ejecutivo es positiva, la imagen de toda la empresa es vista de ese modo."

Después de entrevistar a gerentes, analistas financieros, funcionarios gubernamentales y periodistas, un estudio realizado por la consultora Trias S.A. arrojó la conclusión de que la "reputación" general de un alto ejecutivo, que incluye la apariencia, representaba un 45% del buen nombre de una compañía. El mismo estudio revela que el aspecto visual, es decir, la vestimenta, los accesorios, la conducta y la actitud corporal, supone más de la mitad de toda la comunicación oral. No obstante, muchos altos ejecutivos descuidan peligrosamente esos detalles.

Según los expertos, los ejecutivos, hombres o mujeres, deberían tener en cuenta el poder que encierra su imagen. Si no transmiten una presencia visual cargada de autoridad y credibilidad, tienen que hacer mayores esfuerzos para ganarse el respeto y la confianza de los demás. La ropa, la conducta y la capacidad de comunicación de los directivos son esenciales. Pero a la mayoría de los ejecutivos les cuesta determinar si necesitan vestirse con mayor o menor formalidad.

Los asesores de imagen afirman que la mejor estrategia es elegir siempre la opción más conservadora. Sin embargo, el vertiginoso mundo de los negocios requiere actitudes flexibles con relación a la manera en que visten los empleados de una empresa para conseguir o mantener un perfil competitivo.

B. ¿Cuál de estas tres frases resume mejor el contenido del artículo?

> 1. Los altos ejecutivos son el grupo profesional que peor viste según las listas de las revistas de moda.

> 2. Un ejecutivo con un aspecto conservador sigue teniendo más credibilidad y da una imagen más profesional.

> 3. Un ejecutivo con un aspecto informal inspira más confianza y da una imagen actual y moderna de la empresa que representa.

C. ¿Crees que tiene tanta importancia la manera de vestir en el trabajo? Y a ti, ¿cómo te gusta vestir: de manera formal o informal? Coméntalo con tu compañero.

7. A. Escribe las formas de Imperativo que faltan.

AFIRMATIVO	COMPRAR	COMER	PERMITIR
tú	compra	come	permite
vosotros/as	....	comed	....
usted	....	....	....
ustedes	compren	....	permitan

NEGATIVO	COMPRAR	COMER	PERMITIR
tú	no compres	....	no permitas
vosotros/as	....	no comáis	....
usted	....	no coma	....
ustedes	no compren	....	no permitan

B. Completa la frase.

> Las formas de .... y .... son iguales en Imperativo afirmativo y en Imperativo negativo: **coma/no coma, coman/no coman.**

8. A. Lee el siguiente documento sobre la política de ahorro y uso de papel de la empresa Filomax.

POLÍTICA DE AHORRO
Y USO DE PAPEL

Como parte del compromiso de nuestra empresa para reducir el impacto ambiental ocasionado por las actividades que desarrolla y, en particular, como parte de su compromiso para ahorrar recursos naturales realizando un uso eficiente de los mismos, la empresa mantiene la siguiente política de ahorro y uso de papel.

- Se compra preferentemente papel 100% reciclado.
- Se cuida el mantenimiento de equipos ofimáticos, especialmente impresoras y fotocopiadoras para evitar el despilfarro de papel durante averías.
- Se establece un sistema de recogida selectiva de papel en todas las instalaciones, que facilita la recogida de todos los residuos de papel generados.
- Las comunicaciones internas se hacen por correo electrónico para evitar imprimir documentos.
- El papel escrito por una cara se utiliza como borrador.

B. Y tu empresa, escuela… ¿qué hace para proteger el medio ambiente?

> ● En mi escuela también se utiliza papel reciclado...

CD 20 **9.** Escucha y escribe las formas verbales en la columna que corresponda.

TÚ	VOSOTROS
no escribas	no volváis

10. A. ¿A qué objeto se refieren estas instrucciones?

1. Póntelo para protegerte la cabeza. ....

2. Desconéctalo antes de entrar al cine. ....

3. No la dejéis encendida. Especialmente si es viernes. ....

4. Dádselo mañana. Hoy no es su cumpleaños. ....

5. Cerradla. Hace mucho frío. ....

6. Ponéoslos si vais a tocar productos tóxicos. ....

7. Consultadlo si no entendéis alguna palabra. ....

8. Dejadlas en su sitio después de usarlas. ....

las herramientas

el casco

el regalo

la ventana

los guantes

la luz

el móvil

el diccionario

B. Vuelve a leer las frases anteriores. ¿En qué casos se refieren a la forma **tú** y en cuáles a **vosotros**?

TÚ	VOSOTROS

11. ¿En qué lugares crees que se pueden encontrar estas prohibiciones?

1. Prohibido bañarse.

2. No se permite la entrada a menores de edad.

3. Se prohíbe tomar fotografías durante la función.

4. Prohibida la entrada.

5. Está prohibido dar de comer a los animales.

6. Prohibida cualquier grabación o reproducción.

7. Prohibido jugar a la pelota.

8. No está permitido comer en este local.

9. No se permite usar *flash*.

10. Las visitas están prohibidas después de las ocho.

12. A. ¿Puedes poner el nombre debajo de cada foto?

1. ....

2. ....

3. ....

4. ....

5. ....

6. **un análisis de sangre**

7. ....

8. ....

9. ....

10. ....

B. Estas personas no se encuentran bien. ¿Qué consejos les podrías dar? Puedes usar las palabras del apartado anterior.

1. Creo que tengo fiebre.

2. ¡Qué dolor de cabeza!

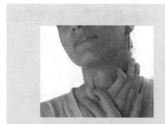

3. Todavía me duele la garganta.

4. No sé si voy a poder dormir. Estoy un poco nerviosa.

5. Me paso el día delante del ordenador y me duele mucho la espalda.

6. Me duele la muñeca. Creo que he hecho un mal gesto.

13. ¿Qué crees que puede o debe hacer Andrés para encontrarse mejor?

Puede...
No puede...
Debe...
No debe...

* ● Yo creo que no puede trabajar.
● Y debe ir al médico...

14. A. Responde al cuestionario para saber si eres una persona organizada.

¿Es usted organizado/a?

1. ¿Suele llegar tarde a sus citas?
   sí   no

2. ¿Prepara sus viajes en el último momento?
   sí   no

3. ¿Es raro que su mesa de trabajo esté ordenada?
   sí   no

4. ¿Decide qué ropa va a ponerse después de levantarse?
   sí   no

5. ¿Come cualquier cosa y muy rápido?
   sí   no

6. ¿Acaba con frecuencia un trabajo en el último momento?
   sí   no

7. Cuando va a hacer la compra, ¿decide en ese momento qué va a comprar?
   sí   no

8. Frecuentemente, ¿siente que le falta tiempo para hacer las cosas?
   sí   no

9. En general, ¿duerme poco?
   sí   no

10. En ocasiones, ¿se aburre en su tiempo libre?
    sí   no

11. ¿Sus obligaciones le dejan poco tiempo para su familia o para sus amistades?
    sí   no

12. ¿Apunta teléfonos en trozos de papel que luego nunca encuentra?
    sí   no

13. ¿Se suele poner nervioso/a cuando tiene muchas cosas que hacer?
    sí   no

14. ¿Se olvida de anotar sus citas en su agenda?
    sí   no

15. A veces, ¿gasta más de lo que le permiten sus posibilidades?
    sí   no

TOTAL :   **sí**   **no**

Mayoría de respuestas sí. Necesita poner orden en su vida, seguro que vivirá más tranquilo y feliz. En primer lugar, tiene que relajarse y trabajar menos. Tómese las cosas con más calma, pero no se olvide de anotarlo todo en su agenda.
Mayoría de respuestas no. Felicidades. Es usted, sin duda, una persona ordenada y seguramente feliz. Si ha obtenido más de 10 respuestas "no", debería improvisar un poco más. A veces, también es bueno sentir un poco de emoción en la vida.

B. A partir de las preguntas anteriores escribe una lista de instrucciones para una persona desordenada. Puedes utilizar la forma **tú** o **usted**.

15. Lee el siguiente prospecto. Probablemente habrá muchas palabras que no entiendes, pero seguro que puedes responder a las siguientes preguntas:

1. ¿Para qué sirve el Paracecatil? ....

2. ¿Cuándo empieza a hacer efecto el Paracecatil? ....

3. ¿Cuánto tiempo dura el efecto de un comprimido? ....

4. ¿Cada cuántas horas se puede tomar un comprimido? ....

5. ¿Qué dosis puede tomar un niño de 8 años en un día? ....

6. ¿Qué hay que hacer si se toma demasiado Paracecatil? ....

7. ¿Cómo hay que tomar el Paracecatil? ....

8. ¿Qué personas no pueden tomarlo? ....

Paracecatil®
Paracetamol

COMPOSICIÓN
Por comprimido
Paracetamol......................................650 mg
Excipiente.....................................c.s.
(el excipiente se compone de dióxido de silicio, celulosa en polvo, estearato magnésico, almidón de maíz)

El paracetamol es un analgésico que pertenece al grupo de los no narcóticos y, por lo tanto, no produce la dependencia psicogénica y física característica de los analgésicos adictivos.
Paracecatil no erosiona la mucosa del tubo digestivo. Puede prescribirse en los enfermos que padecen úlceras gástricas o duodenales, u otras gastropatías. Carece de efectos antiinflamatorios.
El paracetamol se absorbe rápidamente y empieza a actuar entre los 15 y 30 minutos después de su ingestión. Su acción dura unas tres horas. El máximo nivel plasmático se alcanza entre los 30 y 60 minutos.
Su acción analgésica se ejerce con preferencia sobre los dolores de la musculatura esquelética que producen espasmos o rigidez. Asimismo, actúa en los dolores causados por los espasmos de la musculatura lisa visceral.
Su acción antipirética se desarrolla al actuar sobre los centros termorreguladores del sistema nervioso central en los enfermos con fiebre, en los cuales ocasiona una mayor pérdida de calor corporal mediante vasodilatación cutánea.
Su doble acción analgésica y antipirética le confiere gran eficacia para solventar las molestias que aparecen en los síndromes de resfriado y gripe.

ACCIÓN
Analgésico, antipirético.

INDICACIONES
Dolor de intensidad leve o moderada. Estados febriles.

POSOLOGÍA
Adultos: 1 comprimido cada 4-6 horas.
No se excederá de 4 g (6 comprimidos) en 24 horas.
Niños de 6 a 10 años: 1/2 comprimido hasta 4 o 5 veces al día, sin exceder de un total de 5 dosis en 24 horas.
Puede establecerse también un esquema de dosificación de 10 mg/kg por toma.

CONTRAINDICACIONES
Enfermedades hepáticas.

PRECAUCIONES
En pacientes con insuficiencia hepática y/o renal, anemia, afecciones cardíacas o pulmonares, evitar tratamientos prolongados.
No exceder la dosis recomendada.
Se aconseja consultar al médico para usarlo en niños menores de 3 años o en tratamientos prolongados.

INTERACCIONES
En caso de tratamientos con anticoagulantes orales se puede administrar ocasionalmente como analgésico.

INTOXICACIÓN Y SU TRATAMIENTO
La sintomatología por sobredosis incluye mareos, vómitos, pérdida de apetito, ictericia y dolor abdominal. Si se ha ingerido una sobredosis debe acudirse rápidamente a un centro médico aunque no haya síntomas, ya que estos, muy graves, se manifiestan generalmente a partir del tercer día después de su ingestión.
Para una mayor seguridad, en caso de sobredosis o ingestión accidental, consultar al Servicio de Información Toxicológica. Teléfono (91) 562 04 20.
Se considera sobredosis de paracetamol la ingestión de una sola toma de más de 6 g en adultos y de 100 mg por kg de peso en niños. Pacientes en tratamiento con barbitúricos o alcohólicos crónicos, pueden ser más susceptibles a la toxicidad de una sobredosis de paracetamol.
El tratamiento consiste en aspiración y lavado gástrico, carbón activo vía oral, administración intravenosa de N-acetilcisteína a dosis adecuadas y, si es preciso, hemodiálisis.
El periodo en que el tratamiento ofrece la mayor garantía de eficacia se encuentra dentro de las doce horas siguientes a la ingestión de la sobredosis.

MODO DE EMPLEO. Vía oral.
Los comprimidos se ingerirán con agua. Para facilitar su ingestión es conveniente fraccionarlos en dos trozos.

PRESENTACIÓN
PARACECATIL 650 mg: Caja con 20 comprimidos y envase clínico con 500 comprimidos.

Los medicamentos deben mantenerse fuera del alcance de los niños.

IMPORTANTE PARA LA MUJER
Si está usted embarazada, consulte a su médico antes de tomar este medicamento. El consumo de medicamentos durante el embarazo puede ser peligroso para el embrión o el feto y debe ser vigilado por su médico.

LABORATORIOS PARACEX, S.A.,
Avda. Mérida, 4 - 08023 (Barcelona)
Director técnico: José Mª López Serna

5

Dinero

 1 Vocabulario relativo al banco
 2 Vocabulario de operaciones bancarias
 3 Descripción de una sucursal
 4 Artículo sobre el gasto de los hogares españoles
 5 Presente de Subjuntivo. Forma
 6 Presente de Subjuntivo. Un crucigrama
 7 **Acabar de** + Infinitivo
 8 El adverbio **cuando**
 9 La publicidad de un banco
10 Usos de la tarjeta de crédito
11 **Cuando** + Presente de Subjuntivo
12 Hablar de planes y proyectos
13 Artículo sobre el control de los gastos
14 **Antes de/después de** + Infinitivo
15 **Por** y **para**
16 Futuro
17 Explicar palabras

1. Relaciona estas descripciones con la palabra adecuada.

[ ] Deuda que alguien adquiere con un banco por la compra de una casa.

[ ] Cheque sin nombre que puede cobrar cualquier persona que lo presenta en el banco.

[ ] Precio al que el banco concede un préstamo.

[ ] Cheque que puede cobrar solo la persona o entidad cuyo nombre figura en él.

[ ] Valoración de una mercancía o de una vivienda.

[ ] Dinero que cobra el banco por realizar una operación.

[ ] Pago de gastos a través de un banco o de una caja.

[ ] Documento que envía el banco al cliente con información sobre su cuenta.

1. domiciliación
2. cheque al portador
3. tasación
4. extracto
5. tipo de interés
6. comisión
7. cheque nominativo
8. hipoteca

CD 21-24

2. A. Varias personas van al banco. ¿Qué quieren hacer? Escribe el número que corresponda.

[ ] abrir una cuenta

[ ] domiciliar la nómina

[ ] ingresar dinero

[ ] un cheque

[ ] solicitar una tarjeta de crédito

[ ] sacar dinero

[ ] cambiar dinero

[ ] contratar un plan de pensiones

[ ] domiciliar pagos

[ ] consultar el saldo

CD 21-24

B. Escucha otra vez para comprobar.

C. Y tú, ¿vas mucho al banco? ¿Cuáles son las consultas u operaciones que más realizas? ¿Las haces personalmente en el banco o prefieres hacerlas por internet? Coméntalo con tu compañero.

✳ ■ No voy mucho al banco y cuando voy es, sobre todo, para...

CD 25

3. Carmen Pozo, directora de una oficina bancaria, explica cómo es su oficina y qué servicios presta. Escucha y, después, completa la ficha.

Horario de atención al público: ....

Número de empleados: ....

Número de clientes: ....

Servicios u operaciones más frecuentes a particulares:

....

Servicios u operaciones más frecuentes a empresas:

....

4. A. Vas a leer un texto con información sobre el gasto medio anual en los hogares españoles. Antes, comenta con tu compañero en cuáles de las siguientes cosas creéis que gastan más dinero las familias españolas.

alcohol y tabaco	muebles y decoración	ropa y calzado
alimentación	gastos de vivienda (agua, gas...)	salud
educación	espectáculos y cultura	viajes
transporte	comunicación (teléfono, internet...)	

* ● Yo creo que las familias españolas gastan mucho dinero en comida...
  ● Sí, y también en...

B. Lee ahora el texto. ¿En qué gastan los españoles su dinero? ¿Coincide con lo que habías pensado? Haz una lista de los gastos y ordénalos de + a -.

El gasto de los hogares españoles

Los resultados de la reciente encuesta sobre el gasto de los hogares españoles pone de manifiesto que las familias españolas dedican la mayor parte de su presupuesto a la vivienda, el transporte y la alimentación. El 26,4% del consumo de los hogares se dedica al pago de la vivienda (sea de alquiler o propiedad) y a los gastos de mantenimiento y suministros (agua, gas, electricidad...). A continuación se sitúa el gasto en transportes, un 14,3% que incluye la adquisición de turismos y otros vehículos. En alimentación y bebidas no alcohólicas se gasta el 14%.

Los gastos en hoteles, cafés y restaurantes suponen el 9,6% del presupuesto anual; mientras que el gasto medio por persona en ocio, espectáculos y cultura alcanza un 6,1%. Dentro de ese grupo se incluyen los gastos en servicios recreativos, culturales y las compras de equipos audiovisuales e informáticos para el hogar.

El gasto medio por persona en salud (seguros médicos y medicamentos) es del 2,9%, cifra sensiblemente superior a la gastada en bebidas alcohólicas y tabaco que es del 1,8%.

Los españoles dedican una parte importante de su presupuesto a la ropa y al calzado, un 6,7% y en muebles y equipamiento del hogar gastan un 5,8% del presupuesto total del año.

En educación (colegios y material escolar) el gasto supone un 0,9% del total.

Otros bienes y servicios, entre los que se incluyen las comunicaciones (fax, teléfono, internet...) suponen un 7,9%.

Las personas que viven solas y con menos de 65 años son las que más gastan, mientras que las parejas con tres o más hijos son las que tienen menos consumo por persona, aunque son los hogares con mayor gasto medio.

C. Este es el extracto del mes de marzo de una familia española. ¿Se parecen a los gastos de una pareja de tu país? ¿En qué se diferencian? ¿Coincide con los gastos del texto anterior?

CONSULTA DE MOVIMIENTOS
MONEDA: EUROS
TITULAR: Luisa Ortiz/ Eduardo González
SALDO INICIAL: 5448,50

BANCOINTER%

CUENTA CORRIENTE: 0238 0050 30 0023456781
SALDO FINAL: 7210,01

Fecha	Ref	Fecha valor	Concepto	Cargos	Abonos	Saldos
02/03/08	694	02/03/08	Gimnasio Sanson S.L.	30,00		5448,50
02/03/08	592	02/03/08	Supermercado Marcos	138,81		5309,69
02/03/08	321	02/03/08	MercaSuper	154,50		5155,19
04/03/08	229	01/02/08	Seguros Vidamás	60,00		5095,19
05/03/08	366	05/03/08	Recibo gas	54,00		5041,19
05/03/08	232	05/03/08	Farmacia A. Rebollo	15,00		5026,19
05/03/08	204	05/03/01	Prest. Hipotecario	628,48		4397,71
07/03/08	142	07/03/01	Modas Lyon	180,01		4217,70
08/03/08	327	06/03/01	Médicos sin fronteras	6,00		4211,70
09/03/08	179	09/03/01	Recibo Electricidad	47,83		4163,87
12/03/08	567	10/03/01	Librería Guzmán	51,00		4112,87
12/03/08	453	10/03/01	Telefonía Ibérica	99,00		4013,87
14/03/08	470	14/03/01	Aguas del Turia	44,19		3969,68
15/03/08	301	16/03/01	Todo Camisas	89,13		3880,55
15/03/08	298	13/03/01	Teatro Central S.L	33,00		3847,55
18/03/08	564	15/03/01	Viajes Solimar, S.L	558,02		3289,53
20/03/08	231	15/03/01	Recibo Idiomas Inter	69,00		3220,53
22/03/08	241	17/03/01	Parking Lucio	22,77		3197,76
26/03/08	804	24/03/01	Peluquería Galix	36,00		3161,76
29/03/08	101	30/03/01	Nómina. Jiménez S.A.		2342,36	5504,12
30/03/08	102	01/04/01	Nómina. AP Asociados		1705,89	7210,01

Saldo final a su favor   **7210,01 €**

5. A. Completa el cuadro con las formas que faltan.

INGRESAR		CONCEDER		DECIDIR	
INDICATIVO	SUBJUNTIVO	INDICATIVO	SUBJUNTIVO	INDICATIVO	SUBJUNTIVO
ingreso	**ingrese**	concedo		decido	
ingresas		concedes	**concedas**	decides	**decidas**
ingresa		concede		decide	**decida**
ingresamos	**ingresemos**	concedemos		decidimos	
ingresáis		concedéis		decidís	
ingresan	**ingresen**	conceden	**concedan**	deciden	
APROBAR		COMPETIR		DISPONER	
INDICATIVO	SUBJUNTIVO	INDICATIVO	SUBJUNTIVO	INDICATIVO	SUBJUNTIVO
apruebo		compito	**compita**	dispongo	
apruebas	**apruebes**	compites		dipones	
aprueba		compite		dispone	**disponga**
aprobamos		competimos	**compitamos**	disponemos	
aprobáis	**aprobéis**	competís		disponéis	
aprueban		compiten		disponen	**dispongan**

B. Las formas del Presente de Indicativo y del Presente de Subjuntivo de muchos verbos son muy similares. Completa la regla.

En Presente de Subjuntivo, todos los verbos terminados en **-ar** toman las terminaciones: **-e**, **-es**, ..., ..., ..., **-en**. Por ejemplo, del verbo **solicitar**, el Presente de Subjuntivo es: **solicite**, ..., **solicite**, **solicitemos**, ..., ...

Todos los verbos terminados en **-er** y en **-ir** toman las terminaciones: **-a**, ..., **-a**, ..., **-áis**, ... Por ejemplo, el Presente de Subjuntivo del verbo **comer** es: **coma**, ..., **coma**, ..., **comáis**, ...

Los verbos que tienen las irregularidades del tipo **e > ie**, **o > e** y **u > ue** en Presente de Indicativo (**quiero**, **encuentro**, **juego**), mantienen la misma irregularidad en Presente de Subjuntivo (**quiera**, **encuentre**, **juegue**), excepto en las formas nosotros y vosotros (**queramos**, **queráis**...).

Los verbos que cambian la **e** por la **i**, como por ejemplo el verbo **pedir** o el verbo **servir**, mantienen la irregularidad en todas las personas: **pida**, **pidas**, **pida**, ..., **pidáis**, **pidan**.

Los verbos que son irregulares en la primera persona del Presente de Indicativo mantienen la misma irregularidad en todas las personas del Presente de Subjuntivo, por ejemplo, el verbo **hacer** (**hago**, **haces**) en Presente de Subjuntivo es **haga**, **hagas**, ..., ..., ...

6. A. Completa el crucigrama con las formas de los verbos en Presente de Subjuntivo. ¿Cuál es el verbo escondido?

1. **traducir** (yo)
2. **saber** (ella)
3. **proporcionar** (vosotros)
4. **mirar** (usted)
5. **decir** (tú)
6. **conocer** (él)
7. **atender** (ustedes)
8. **mantener** (yo)
9. **poner** (nosotras)
10. **ir** (vosotros)

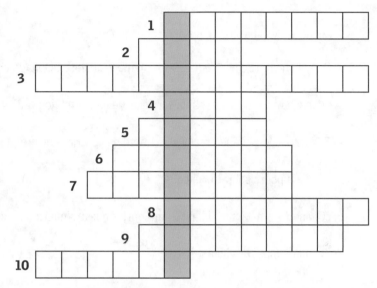

B. ¿Puedes escribir una frase con el verbo escondido en el apartado anterior?

C. Prepara un crucigrama parecido para practicar el Presente de Subjuntivo. Entrégaselo a un compañero para que lo intente completar. Después, podéis corregirlo juntos.

7. Mira los dibujos. ¿Qué acaban de hacer estas personas?

1. **Acaba de sacar dinero del cajero.**

2. ....

3. ....

4. ....

5. ....

6. ....

8. A. Lee las siguientes frases. Hay una que no es correcta. ¿Cuál?

1. Cuando voy al banco, siempre me atienden muy bien.

2. Cuando he tenido problemas, siempre me los han solucionado con mucha rapidez.

3. Cuando era pequeña, no había servicios de banca telefónica.

4. El mes pasado, cuando recibí el extracto de la tarjeta de crédito, decidí recortar mis gastos.

5. ¿Cuándo podré cobrar el cheque?

6. ¿Cuándo vas a llamar al banco para darles nuestra nueva dirección?

7. ¿Cuándo empiezas el curso?

8. Cuando necesitará dinero, nosotros se lo proporcionaremos.

9. Cuando tengan el informe del tasador, avísenme, por favor.

B. Ahora completa la regla para saber qué tiempos verbales pueden combinarse con el adverbio **cuando** y cuáles no.

Para hablar de acciones habituales, utilizamos **cuando** + _____

Si hablamos del pasado, podemos utilizar el adverbio **cuando** + Pretérito Perfecto,

Pretérito _____ o + Pretérito _____

Para preguntar sobre el Futuro podemos utilizar **cuando** + Futuro, **cuando** +

_____ + Infinitivo o **cuando** + _____ .

En las respuestas, utilizamos **cuando** + _____ de Subjuntivo y nunca puede

utilizarse **cuando** + Futuro.

9. A. Has recibido esta publicidad de Banconet. ¿Cuál es la propuesta del banco?

PARTICIPE EN EL ÉXITO DE Banconet

Ahora le regalamos una acción

Solo hasta el 13 de mayo o para el primer millón de clientes

Cuando usted se conecte a Banconet podrá hacer lo mismo que en su oficina y mucho más: consultar sus cuentas y hacer transferencias, contratar más de 30 servicios diferentes, acceder a 24 bolsas del mundo, domiciliar sus pagos o pedir una hipoteca. Con una diferencia importante: podrá hacerlo cualquier día y a cualquier hora, desde su ordenador y de la forma más sencilla.

Para poder acceder a sus cuentas por internet, solo tendrá que solicitar sus claves en Banca telefónica o acercarse a su oficina o agente Banconet. Se las daremos al instante. Cuando conozca sus claves, podrá ir a **www.banconet.es** y empezar a operar con sus cuentas.

Para obtener su acción de Banconet, solo tiene que acceder por internet a sus cuentas. En el momento que lo haga, le enviaremos el certificado de su acción Banconet. Transcurridos cuatro meses, si ha entrado al menos una vez al mes a consultar sus cuentas, será el titular de una acción.

Si necesita más información, no dude en ponerse en contacto con nosotros en **www.banconet.es**, a través de su Banca telefónica, o acuda a su oficina o agente.

B. ¿Qué pasos tiene que seguir un cliente para que el banco le regale una acción?

 ● Primero tiene que...

C. ¿Qué te parece la propuesta? ¿Crees que es una buena manera de invitar a utilizar la banca electrónica? Coméntalo con tu compañero.

 ● La idea no está mal...

10. Pregunta a tu compañero en qué situaciones utiliza la tarjeta de crédito.

alquilar un coche	tomar un café en un bar
pagar un taxi	pagar la habitación de un hotel
pagar la cuenta en los restaurantes	comprar el periódico
sacar dinero de un cajero	comprar regalos en un mercado al aire libre
llamar por teléfono	pagar un billete de metro o de autobús
ir al cine o al teatro	

 ● ¿Utilizas la tarjeta cuando alquilas un coche?
● Bueno, es que no conduzco... ¿Y tú?
● Sí, yo sí, pero nunca alquilo coches...

11. Relaciona los principios de las frases con sus finales correspondientes.

1. Nos compraremos la casa,	a. pregúntales si hay plazas en el vuelo de las 8 de la mañana.
2. Cuando firmes el contrato,	b. me compraré un ordenador nuevo.
3. Tráeme un té, por favor,	c. cuando vendamos el apartamento.
4. Cuando vayas al supermercado,	d. cuando realmente lo necesite.
5. Cuando ahorre un poco de dinero	e. sabremos si el banco nos va a conceder el crédito.
6. Solo pediré un crédito	f. no te olvides de leer la letra pequeña.
7. Cuando llames a la agencia de viajes	g. pide el tique de compra.
8. Cuando tengamos la tasación del piso	h. cuando vayas a la cafetería.

12. A. Todo el mundo tiene planes y proyectos para el futuro que no sabe cuándo podrá realizar. De la siguiente lista, ¿qué no has hecho todavía y qué te gustaría hacer?

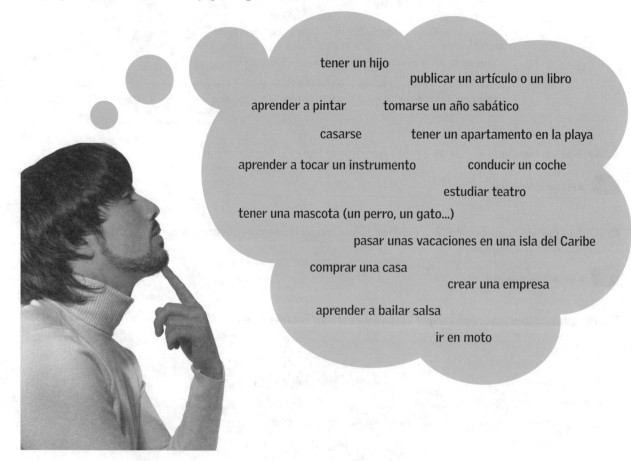

tener un hijo

publicar un artículo o un libro

aprender a pintar   tomarse un año sabático

casarse   tener un apartamento en la playa

aprender a tocar un instrumento   conducir un coche

estudiar teatro

tener una mascota (un perro, un gato...)

pasar unas vacaciones en una isla del Caribe

comprar una casa

crear una empresa

aprender a bailar salsa

ir en moto

B. ¿Crees que harás alguna de esas cosas en el futuro? ¿Cuándo? Coméntalo con tu compañero.

* ● Yo creo que me tomaré un año sabático cuando termine el proyecto...

13. A. Hay épocas del año en las que gastamos más dinero de lo que queremos. Lee en este artículo las recomendaciones que hace una organización de consumidores en una revista. ¿Cuáles consideras más útiles? ¿Sigues normalmente alguna?

LA CUESTA DE ENERO

Terminadas las fiestas de Navidad y Reyes empieza la tan temida "cuesta de enero"

Durante las fiestas navideñas, la época del año en que el gasto medio por familia se dispara, el dinero sale con facilidad de los bolsillos de los consumidores, que muchas veces no son conscientes de la cantidad de dinero que gastan en sus compras. Los efectos de alegría de las burbujas del cava terminan bruscamente cuando, en enero, se comprueba el saldo de la cuenta corriente y el importe de los recibos de las tarjetas de crédito. Ha llegado, para muchos, la cuesta de enero, el momento de apretarse el cinturón y de no seguir gastando a lo loco.

Aquí le ofrecemos algunas **recomendaciones** para controlar las entradas y salidas de dinero de su cuenta corriente:
- es muy útil guardar todos los recibos de los cajeros automáticos para hacer las comprobaciones necesarias cuando llegue el extracto mensual de la cuenta,
- es esencial controlar el uso de la tarjeta de crédito y guardar todos los resguardos de los pagos,
- es necesario llevar un control de los cheques que se entregan,
- es fundamental fijar por escrito un presupuesto mensual de gastos y cumplirlo desde el primer día,
- es muy importante evaluar el gasto semanalmente, es decir, comprobar si se cumple o no el presupuesto,
- es bueno considerar los gastos que no son imprescindibles y que se pueden eliminar,
- es básico controlar los "caprichos", sobre todo, en materia de comida. Es aconsejable hacer una lista de la compra antes de ir al supermercado.

B. En el texto se habla de "la cuesta de enero". ¿Qué crees que significa? Coméntalo con tu compañero.

 ● Yo no tengo ni idea de lo que es "la cuesta de enero".

14. Lee las frases y marca aquellas con las que te identifiques. Después, coméntalo con tus compañeros.

1. Siempre leo un rato antes de dormir.

2. Nunca me acuesto inmediatamente después de cenar.

3. Nunca leo con atención la cuenta del restaurante antes de pagar.

4. Normalmente tomo un café después de comer.

5. Siempre llamo para reservar una mesa antes de ir a cenar a un restaurante.

6. Normalmente echo un vistazo al periódico antes de empezar a trabajar.

7. Antes de ir a visitar a un amigo o a un conocido, siempre llamo por teléfono.

8. Después de terminar de trabajar/estudiar, siempre ordeno mi mesa de trabajo.

antes de

después de
+ Infinitivo

* ● Yo siempre leo un rato antes de dormir, ¿y tú?
  ● A mí no me gusta leer en la cama...

15. Completa las siguientes frases con las preposiciones **por** o **para**.

1. Estudio español ...., en el futuro, tener un buen trabajo.

2. .... trabajar en el Dpto. de Ventas hay que ser una persona activa.

3. Cuando viajo, lo que más me divierte es pasear .... las calles y ver cómo vive la gente.

4. .... mí, una buena formación es indispensable.

5. Mercedes, a veces, se toma una pastilla .... dormir.

6. Ha viajado mucho .... África.

7. Muchos bancos le ofrecen regalos .... abrir una cuenta.

8. Creo que soy un buen candidato .... el Dpto. de Investigación.

9. ¿Qué tal .... la oficina? ¿Todavía trabajas como contable?

10. Los albaranes tienen que estar firmados .... mañana.

11. El año que viene voy a intentar ir al gimnasio una vez .... semana.

12. Nos dirigimos a usted .... invitarle a que pase a visitarnos.

13. Mañana no puedo venir a trabajar. ¿Podrías atender .... mí al Sr. Torres que vendrá a las doce?

14. Este plan de pensiones está pensado .... personas mayores de 50 años.

16. A. Completa este cuadro con las formas que faltan.

	SACAR	ATENDER	DECIDIR
yo		atenderé	
tú	sacarás		
él, ella, usted			decidirá
nosotros/as		atenderemos	
vosotros/as			decidiréis
ellos, ellas, ustedes	sacarán		

B. Completa ahora esta regla.

El Futuro se forma a partir del _____ , al que se le añaden las terminaciones: ___ , ___ , ___ , ___ , ___ y ___

C. Escribe ahora la primera persona de los verbos siguientes en Futuro.

decir ....

haber ....

hacer ....

poder ....

poner ....

querer ....

saber ....

salir ....

tener ....

venir ....

D. ¿Cómo son estos verbos? ¿Cómo se forma el Futuro de los verbos irregulares?

CD 26-28
17. A. Vas a escuchar tres descripciones sobre cosas relacionadas con el mundo de la banca . ¿A qué se refieren?

1. ....

2. ....

3. ....

CD 29-31
B. Vuelve a escuchar para comprobar si tus respuestas son correctas.

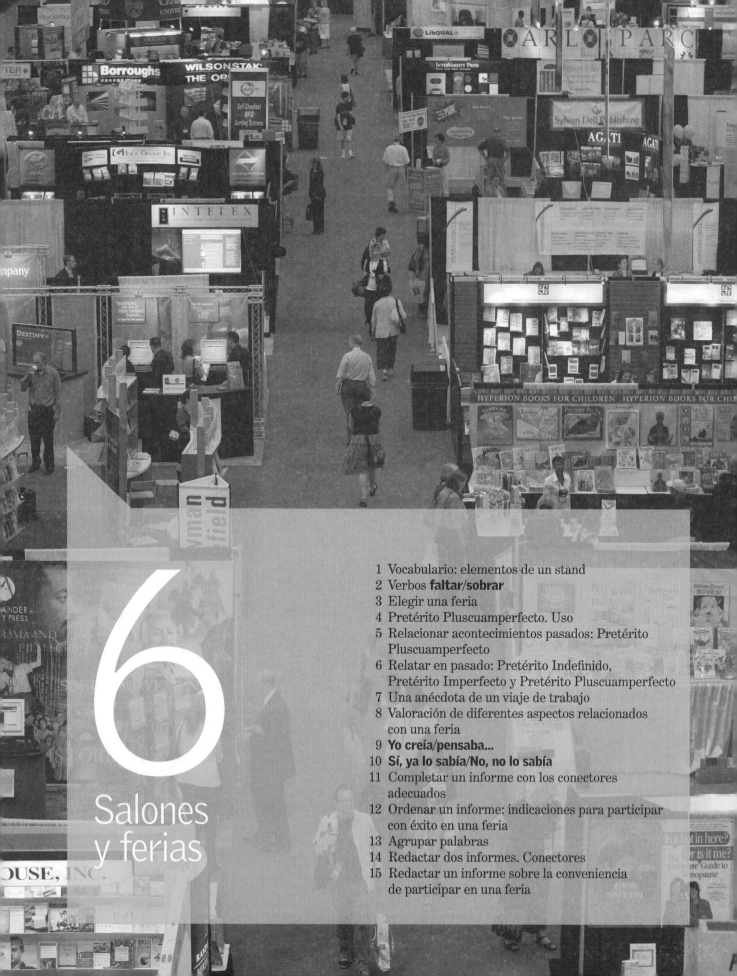

6

Salones y ferias

1 Vocabulario: elementos de un stand
2 Verbos **faltar/sobrar**
3 Elegir una feria
4 Pretérito Pluscuamperfecto. Uso
5 Relacionar acontecimientos pasados: Pretérito Pluscuamperfecto
6 Relatar en pasado: Pretérito Indefinido, Pretérito Imperfecto y Pretérito Pluscuamperfecto
7 Una anécdota de un viaje de trabajo
8 Valoración de diferentes aspectos relacionados con una feria
9 **Yo creía/pensaba...**
10 **Sí, ya lo sabía/No, no lo sabía**
11 Completar un informe con los conectores adecuados
12 Ordenar un informe: indicaciones para participar con éxito en una feria
13 Agrupar palabras
14 Redactar dos informes. Conectores
15 Redactar un informe sobre la conveniencia de participar en una feria

1. Observa el stand de Nauticlub y escribe los nombres de los elementos señalados.

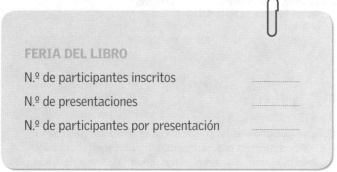

1. ....
2. ....
3. ....
4. ....
5. ....
6. ....
7. ....
8. ....

CD 32 **2. A.** La editorial Letras va a participar en una feria internacional del libro. Escucha la conversación y completa la ficha.

FERIA DEL LIBRO

N.º de participantes inscritos   ....

N.º de presentaciones   ....

N.º de participantes por presentación   ....

CD 32 **B.** Escucha otra vez. ¿Qué material van a llevar a la feria?

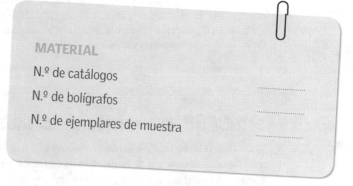

MATERIAL

N.º de catálogos   ....

N.º de bolígrafos   ....

N.º de ejemplares de muestra   ....

C. Ahora, y en función del número de participantes, ¿qué material crees que falta o sobra?

✱ ● Faltan catálogos y...

3. Las siguientes personas tienen que decidir a qué feria van a ir este año como visitantes. Lee la información de estas cuatro ferias. ¿Qué les recomendarías a cada uno? ¿Por qué? Coméntalo con tu compañero.

Juan

Enriqueta

Miguel

1. Juan Martínez Olmeida, responsable de marketing de una editorial especializada en libros de viaje.

2. Enriqueta Iglesias Pérez, encargada de ferias y promociones en un turoperador especializado en turismo ecológico en Latinoamérica.

3. Miguel Suárez Domínguez, propietario de una editorial especializada en libros de arte. Tiene previsto sacar una colección sobre arte latinoamericano actual.

* ● A Juan Martínez le recomendaría ir a la Feria Internacional del Libro.
  ● Sí, pero también le podría interesar ir a Fitur, que es una feria de turismo. Así podría enterarse de las nuevas tendencias en viajes y proponer nuevos libros a su editorial.

Feria Internacional de Turismo

Madrid, España

FITUR es la mejor herramienta puesta al servicio del sector turístico además de una buena oportunidad para los negocios. Más de 700 empresas expositoras; más de 77 000 profesionales procedentes de 170 países avalan el indiscutible valor de FITUR como puerta de entrada al mercado latinoamericano y del Mediterráneo. FITUR está dedicada a profesionales de todos los sectores relacionados con el turismo, pero también se abre al público en general los dos últimos días. En el certamen participan mayoristas, turoperadores, compañías de transporte, empresas de hostelería, organismos oficiales y asociaciones. Además, cuenta con una amplia presencia de medios de comunicación y una variada oferta de reuniones y congresos paralelos.

arteBA'08 FERIA INTERNACIONAL DE GALERÍAS DE ARTE Buenos Aires 2008

Desde 1991, la fundación ARTE BA realiza anualmente la feria de galerías de arte de la ciudad de Buenos Aires. ARTE BA se ha consolidado como uno de los eventos más destacados y concurridos del país. El objetivo primordial de la feria es apoyar y difundir el arte argentino, creando un ámbito propicio para la promoción de las distintas expresiones plásticas, tanto de los maestros consagrados como de artistas emergentes, a fin de dinamizar el mercado de arte local. Cada año ARTE BA reúne a las más prestigiosas galerías de arte nacionales e internacionales, así como a las publicaciones especializadas en arte y a las más variadas instituciones comprometidas con el medio artístico.

arteBA'08 17 FERIA DE ARTE CONTEMPORANEO

GEO2 La Feria del Desarrollo Sostenible

Bilbao, España

PROMA, la Feria Internacional del Medio Ambiente pasa, desde 2007, a ser GEO2. El certamen se centra en los tres pilares del desarrollo sostenible, es decir, medio ambiente y energía, economía y sociedad. Reúne en un mismo escenario, y durante cuatro días, la feria comercial, el foro de negocios, el foro tecnológico, el foro científico y el foro del desarrollo sostenible. GEO2 tiene como objetivo contribuir positivamente al impulso del desarrollo sostenible en el ámbito de las empresas, de las instituciones públicas y de los ciudadanos.

Feria
Internacional
del Libro
de Guadalajara

FERIA INTERNACIONAL DEL LIBRO

Guadalajara, México

La Universidad de Guadalajara organiza esta feria, una de las más dinámicas e importantes del sector del libro en español con la exposición de más de 7 500 títulos, la presencia de más de 900 editoriales y la asistencia de alrededor de 9 000 profesionales. En FIL se dedican tres días exclusivamente a los profesionales del libro (libreros, editores, distribuidores, bibliotecarios, escritores, editores independientes, agentes literarios y traductores). El resto de los días se abre al público en general, ya que FIL fue concebida desde sus inicios como un proyecto editorial y comercial con una clara intención de divulgación cultural. De este modo, se celebran numerosas mesas redondas y conferencias abiertas a todo el público en general.

4. Completa con tiempos del pasado.

1. Ayer Tomás y Juan salieron del despacho a las 18.30 h. Yo llamé por teléfono a las 18.45 h.

   Ayer, cuando .... por teléfono, Tomás y Juan ya .... del despacho.

2. Ayer Tomás y Juan salieron del despacho a las 18.30 h. Yo hablé por teléfono con Carla de 18.25 a 18.35 h.

   Ayer, mientras .... por teléfono, Tomás y Juan .... del despacho.

3. El presidente pronunció el discurso inaugural a las 11.00 h. Nosotros llegamos a la feria a las 11.30 h.

   Cuando .... a la feria, el presidente ya .... el discurso.

4. El presidente pronunció el discurso inaugural a las 11.30 h. Nosotros llegamos a la feria a las 11.00 h.

   Nosotros .... a la feria y media hora más tarde el presidente .... el discurso.

5. El presidente pronunció el discurso inaugural entre las 10.30 y las 11.00 h. Nosotros llegamos a la feria a las 10.45 h.

   Cuando .... a la feria, el presidente .... el discurso inaugural.

6. Las entradas para el concierto se agotaron el lunes. Nosotros fuimos a comprar las entradas el jueves.

   Cuando .... a comprar las entradas, ya ....

7. Hicimos la presentación el martes. Los obsequios de promoción llegaron el miércoles.

   Los objetos de promoción .... cuando ya .... la presentación.

8. Estuvimos en la sala de actos toda la mañana. A media mañana llegaron los representantes de Barbix.

   Los representantes de Barbix .... mientras .... en la sala de actos.

5. A. A continuación tienes diversos acontecimientos históricos. Decide, de cada par, cuál ocurrió primero. Puedes comentarlo con tu compañero.

✱ • Primero Graham Bell inventó el teléfono y luego Einstein publicó la teoría de la relatividad, ¿no?
• Sí, creo que sí.

Alexander Graham Bell inventó el teléfono.

Albert Einstein publicó la Teoría de la Relatividad.

Cristóbal Colón descubrió América.

Gutenberg inventó la imprenta.

Cuba y Puerto Rico dejaron de ser colonias españolas.

Empezó la Primera Guerra Mundial.

Mijail Gorbachov llegó al poder en la antigua Unión Soviética.

Cayó el muro de Berlín.

Napoleón conquistó Europa.

Triunfó la Revolución Francesa.

CD 33 **B.** Vas a escuchar un concurso de televisión. Toma nota de cuando ocurrieron los acontecimientos del apartado A.

C. Ahora escribe frases uniendo los acontecimientos que figuran juntos.

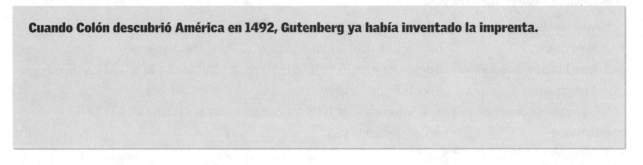

Cuando Colón descubrió América en 1492, Gutenberg ya había inventado la imprenta.

6. Utiliza los tiempos del pasado que ya conoces.

1. Ayer no (**sonar**) .... el despertador, (**dormirse**, yo) .... y (**llegar**) .... tarde al trabajo.

2. El lunes no (**ir**) .... a trabajar, porque (**encontrarse**) .... mal.

3. (**Ser**) .... las nueve de la mañana, (**estar**) .... lloviendo y (**haber**) .... huelga de transportes; por eso no (**poder**) .... encontrar un taxi libre.

4. Cuando (**llegar**) .... al aeropuerto, el avión ya (**despegar**) ....

5. Cuando (**vivir**) .... en Madrid, (**ir**) .... a trabajar todos los días en metro.

6. Hace 30 años en las empresas (**utilizarse**) .... máquinas de escribir.

7. A. Relaciona los dibujos con las frases siguientes.

A.

B.

C.

D.

E.

F.

Se le rompió el tacón de uno de los zapatos cuando iba a embarcar.

Iba a Amsterdam para asistir a una reunión del grupo directivo.

El avión salía prontísimo y las tiendas del aeropuerto estaban cerradas.

Fue a tomar un café.

No podía ponerse otros zapatos porque los llevaba en la maleta que había facturado.

Cuando llegó a Amsterdam todo el mundo la miraba.

CD 34 **B.** Ordena la historia según crees que sucedió. Después, escucha y comprueba.

1.º	2.º	3.º	4.º	5.º	6.º

CD 34 **C.** Para contar una anécdota hay algunas frases y conectores muy útiles. Escucha otra vez la audición y relaciona la expresiones con su uso.

A mí, un día/una vez me pasó una cosa...

De repente...

Resulta que...

Y entonces...

Total, que...

1. Para empezar a contar una anécdota.

2. Para introducir un suceso imprevisto.

3. Para terminar.

4. Para empezar a contar la situación.

5. Para situar una acción a continuación de otra.

8. A. Vas a escuchar cuatro diálogos. ¿Qué aspectos relacionados con las ferias se mencionan en cada uno? Escribe el número que corresponda.

	N.º	VALORACIÓN
Organización		
Cafetería		
Conferencias		
Accesos		

B. Escucha otra vez la grabación y anota cómo valoran en cada caso los diferentes aspectos.

9. Ordena los siguientes diálogos.

☐ Sí, dígame...

☐ No pasa nada; de todas formas, muchas gracias.

☐ Teresa, soy Clara... ¡Felicidades!

☐ ¡Qué despiste! Yo pensaba que hoy era día cinco, lo siento...

☐ Gracias, pero mi cumpleaños es mañana...

☐ Buenos días, voy al centro.

☐ ¿Veinte klilómetros? Yo pensaba que estaba más cerca.

☐ Muy bien...

☐ Unos 20 klilómetros...

☐ ¿Está muy lejos del aeropuerto?

☐ Perdón... ¿Para pagar estas novelas?

☐ No, con tarjeta.

☐ Sí, acompáñeme... ¿En efectivo?

☐ Disculpe, pero creía que llevaba la tarjeta y resulta que no la tengo... No puedo llevármelas...

☐ Son 32 euros.

10. Aquí tienes frases con información de algunos países de Sudamérica. Coméntala con tu compañero.

1. El lago Titicaca, situado a más de 4000 metros sobre el nivel del mar, es el lago navegable más alto del mundo y se extiende entre Perú y Bolivia.

2. Brasil es el país más grande de Sudamérica.

3. Chile tiene más de 4000 km de costa.

4. Paramaribo es la capital de Surinam, uno de los países situados en la costa atlántica de Sudamérica entre Brasil y Venezuela.

5. El Aconcagua es la montaña más alta de América, está en Argentina y mide 6962 m.

6. Las islas Galápagos pertenecen a Ecuador y la Isla de Pascua, a Chile.

7. La Paz es la capital de Bolivia y está situada a 3000 m sobre el nivel del mar.

> Sí, ya lo sabía.
> No, no lo sabía.
> No, no tenía ni idea.
> Yo pensaba que...
> Yo creía que...

 ● Yo no sabía que el lago Titicaca era el más alto del mundo... ¿y tú?

11. A. Aquí tienes uno de los dos informes que has leído en la página 71 del *Libro del alumno*. Faltan algunos conectores. Puedes colocarlos en el texto.

Participación en el Salón Pielespain de Madrid. Resultados del estudio

_____ su petición, se ha realizado un estudio sobre nuestra posible participación en el Salón Pielespain.

_____, debemos citar que en su última edición el salón alcanzó la cifra de 132 expositores y 20 000 visitantes. Cabe señalar que en la edición anterior habían participado 98 firmas del sector y 11 300 visitantes, lo que muestra que es una feria en crecimiento.

_____, y teniendo en cuenta los datos facilitados por la organización, hay que subrayar los siguientes aspectos:

1. Estaban acreditados más de 800 profesionales nacionales e internacionales de la piel.
2. Se presentaron innovaciones interesantes en lo relativo a nuevos tratamientos de la piel. En cuanto al diseño, parece ser que el salón mostró las tendencias más actuales.
3. La oferta de actividades paralelas fue muy variada y los fabricantes tuvieron la oportunidad de presentar sus creaciones. Se celebraron, _____, varios desfiles con una gran asistencia de público y prensa.

_____, parece clara la tendencia al aumento, en importancia y calidad, de expositores, _____ han subido las tarifas por metro cuadrado (300 € por m² + IVA frente a 230 € el año pasado) y el coste de los derechos de inscripción (150 € + IVA frente a 120 en la edición anterior).

_____ nuestra posible participación, por un lado, es cierto que la inversión es elevada y que desplazar a 3 personas (mínimo necesario) nos obligaría a hacer un esfuerzo financiero importante. _____, hay que destacar que toda nuestra competencia directa, española e internacional, estará presente en el salón y que Pielespain supone una gran oportunidad para realizar contactos interesantes. _____, es una muy buena ocasión para presentar directamente nuestros productos.

_____, creemos aconsejable nuestra participación en el próximo Salón Pielespain, _____ los beneficios que podemos obtener compensarían previsiblemente la inversión y el esfuerzo.

Fernando Revilla

Dpto. de Ventas

---

ya que

respecto a

según

aunque

por ejemplo

además

en segundo lugar

en primer lugar

por otro lado

así pues

por un lado

B. Mira la página 71 del *Libro del alumno* y comprueba tu respuesta.

12. A. Vas a leer algunas indicaciones para participar con éxito en una feria. Completa el texto con estas frases.

☐ en cuanto a la participación, detallamos a continuación los pasos que se deberían seguir

☐ en primer lugar, y respecto a los objetivos de participación

☐ en segundo lugar, todo lo relacionado con el stand: material necesario, personal, logística y servicios

☐ por último, no se olvide de las actividades posteriores a la celebración del salón

☐ y, para terminar, recuerde que es fundamental hacer el seguimiento comercial de los contactos establecidos

Las convocatorias feriales son unos instrumentos de marketing que favorecen el intercambio empresarial de todo tipo. En Barcelona se organizan anualmente más de 80 salones monográficos que ponen en contacto directo la oferta y la demanda de los diferentes sectores de cada actividad. Con el objetivo de rentabilizar al máximo la participación de nuestros expositores, les proponemos a continuación unas breves indicaciones.

(1)............................., determine claramente cuáles son las intenciones de su empresa para participar en el Salón. Con relación al presupuesto, le aconsejamos que, para calcular la inversión total, tenga en cuenta los siguientes aspectos: primero, el espacio que va a contratar; (2)........................; y en tercer lugar, la publicidad y la promoción.

(3)..:
. defina y contrate el stand,
. haga las reservas del viaje y del hotel,
. diseñe la logística de participación,
. planifique y dé información al personal de atención del stand,
. prepare el catálogo de productos y la documentación comercial,
. comience la campaña de publicidad y promoción con tiempo. Para ello, recuerde que la organización del Salón le facilita elementos de comunicación que su empresa puede enviar a los clientes;
. defina, si es necesario, cuáles serán las ofertas especiales que su empresa va a presentar durante la feria.

(4).........................., en concreto: evaluar los resultados obtenidos y comprobar si se han cumplido o no los objetivos.

(5)...............................

B. ¿Añadirías algún consejo más? Coméntalo con tu compañero y escribidlos.

13. A. Tacha, en las siguientes listas, la palabra o palabras que no corresponden.

> **1** aparcamientos, expositores, letreros luminosos, mesas, paneles, estanterías.

> **2** captar clientes, conocer nuevas tendencias, contactar con proveedores, dar a conocer nuevos productos, realizar intercambios profesionales, pasear por otra ciudad, ver novedades.

> **3** contratar el stand, preparar un catálogo de productos, pagar el stand, reservar hoteles y billetes de avión, cancelar una cuenta, planificar los turnos en el stand, enviar publicidad.

> **4** repartir folletos, reservar el hotel, regalar muestras de productos, ofrecer degustaciones, contactar con proveedores, visitar los stands de la competencia.

B. ¿Con qué aspectos se relacionan los grupos léxicos anteriores?

☐ Preparativos para una feria

☐ Actividades comunes en el stand de una feria

☐ Objetivos en una feria

☐ Material necesario en un stand

14. Aquí tienes unas notas que han tomado unos profesionales que han visitado estas dos ferias. Desarrolla las ideas que recogen las notas y escribe dos pequeños informes. Utiliza los conectores necesarios. Hazlo en un papel aparte.

FITUR (FERIA DE TURISMO)

- Países centroamericanos: interesantes propuestas de ofertas conjuntas.
- Destacable: proyección de videos turísticos.
- Buenas infraestructuras.

- Datos de la organización: participación de más de 7000 empresas; 175 países; 60 000 visitantes profesionales (un 10% más que el año pasado)

- Seminario sobre la evolución del tiempo libre: (las vacaciones, cada vez más cortas, frecuentes e intensas).

EXPOJOYA (FERIA DE JOYERÍA)

- El recinto: acceso difícil a los pabellones; obras en el recinto ferial y mala señalización.

- Público: mucha presencia de público no profesional. Entradas gratuitas. Visitas guiadas de colegios. Mucho interés de los jóvenes por los nuevos diseños de joyería.

- Actividades paralelas: interesante exposición de joyería precolombina. Buena oportunidad para ver piezas de gran belleza. Despertó gran interés. Posibles ideas para nuevos modelos.

15. A. Trabajas en una empresa española del sector de la alimentación. Aquí tienes información sobre ALIMENTARIA MÉXICO y algunos datos sobre la economía mexicana. ¿Crees que es buena idea participar en esta feria? ¿Por qué? Subraya los aspectos más importantes para decidir si se acude o no.

Salón Internacional de Alimentos y Tecnología

ALIMENTARIA MÉXICO tiene el objetivo de consolidar el intercambio de productos y tecnologías entre Europa y América.

México ha demostrado ser una de las economías emergentes más prometedoras en el mundo. Los Tratados de Libre Comercio que ha suscrito con numerosos países de América y los acuerdos con la Unión Europea, Mercosur y otros países del continente americano lo colocan en una posición privilegiada para importar, exportar y transformar productos alimenticios.

Las exportaciones agroalimentarias de México superaron los 13 000 millones de dólares en el 2006, creciendo un 18%, respecto al año anterior. El consumo de productos importados también crece anualmente, un 12% y en el año 2006 las importaciones supusieron 16 000 millones de dólares.

FICHA TÉCNICA
Lugar: Recinto ferial centro Banamex, México, D.F.
Fechas: del 5 al 7 de junio.
N.º de expositores previstos: 400
N.º de m² previstos: 12 000
N.º de visitantes previstos: 11 000 visitantes profesionales

Empresas que exponen en ALIMENTARIA MÉXICO
- Los fabricantes de productos alimenticios frescos, congelados o procesados de alta calidad.
- Los representantes y comercializadores de productos alimenticios.
- Los proveedores de transporte, almacenamiento, exportación e importación de alimentos.
- Los proveedores de materias primas para la industria.
- Los proveedores de tecnología y equipos modernos.

B. Redacta un informe que refleje tu opinión sobre la conveniencia de participar en esta feria.

Respecto a la posible participación de nuestra empresa en ALIMENTARIA MÉXICO, considero que...

1. Elige la opción más adecuada.

1. _____ duele mucho la cabeza.

a. A mí
b. Me
c. A él
d. Se

2. En nuestra empresa _____ todo el mundo.

a. tutea
b. tuteamos
c. se tutea
d. se tutean

3. No se _____ el uso de teléfonos móviles.

a. debe
b. permite
c .puede
d. prohibido

4. Las ventanas, no las _____ abiertas, por favor.

a. dejad
b. dejen
c. deja
d. dejáis

5. Ponte el casco y no te _____ dentro del recinto.

a. quites
b. lo quites
c. quites lo
d. quítalo

6. El médico me ha dicho que estoy mejor y que me va a dar _____ .

a. la baja
b. el alta
c. la receta
d. una inyección.

7. Perdone, el cheque, ¿puede _____ en mi cuenta?

a. ingresarlo
b. revisarlo
c. cambiarlo
d. cobrarlo

8. Cuando _____ su clave de acceso, _____ operar con sus cuentas.

a. tendrá/podrá
b. tenga/pueda
c. tendrá/puede
d. tenga/podrá

9. Nuestro banco _____ inaugurar una nueva oficina.

a. acaba de
b. empieza a
c. deja de
d. suele

10. _____ cuando _____ cualquier tipo de información.

a. Llámenos/necesitará
b. Llámenos/necesite
c. Llámanos/necesite
d. Llámanos/necesitarás

11. ¿Qué comisión de _____ te cobran?

a. domiciliación
b. apertura
c. cuota
d. tasación

12. ¿Por qué no consultas _____ para saber cómo vamos este mes?

a. el extracto
b. el pago
c. el préstamo
d. la nómina

13. Antes _____ un crédito, es necesario informarse.

a. pedir
b. a pedir
c. de pedir
d. que pide

14. Yo no sabía que en Perú _____ montañas de más de 5000 m de altura.

a. hay
b. hubo
b. había
c. ha habido

15. Los paneles _____ mal instalados y por eso _____.

a. estuvieron/se cayeron
b. estaban/se cayeron
c. estuvieron/se caían
d. están/se caían

16. _____ estaba en Madrid y tenía que...

a. Entonces
b. Además
c. Resulta que
d. De repente

17. _____ el informe, tenemos muchas posibilidades de éxito.

a. Como
b. Aunque
c. Mientras
d. Según

18. Cuando llegamos, hacía poco que _____ la conferencia...

a. empezó
b. empezaba
c. había empezado
d. ha empezado

19. Creo que no está todo, _____ los folletos.

a. falta
b. sobra
c. faltan
d. sobran

20. En el congreso _____ muchas conferencias en español.

a. hubieron
b. hubo
c. estuvieron
d. estuvo

Resultado: _____ de 20

2. Lee esta información sobre la tarjeta de crédito BCB y responde a las preguntas.

DISPONGA DE DINERO CÓMODAMENTE EN TODO EL MUNDO

Tarjetas de Crédito BCB

Las **Tarjetas de Crédito BCB** son un medio de pago que goza de un gran prestigio internacional y que usted podrá utilizar para obtener bienes y servicios y para obtener dinero en efectivo en entidades bancarias y cajeros automáticos de todo el mundo.

Cada vez que utilice su tarjeta **BCB** para realizar sus compras, acumulará puntos que podrá cambiar por entradas a parques temáticos y de atracciones, zoos, cines, casas rurales, hoteles y viajes por todo el mundo.

Usted podrá elegir la forma de pago. **Inmediato.** Las compras se le cargan a su cuenta el mismo día en que las realizó. Sin intereses.
Fin de mes. Las compras realizadas a lo largo del mes se le cargan en su cuenta el día 15 del mes siguiente. Sin intereses.
Pago con cuota mensual. De las compras y disposiciones realizadas, el día 15 de cada mes le cargan únicamente la cuota que tenga establecida, estando incluidos, intereses y comisiones.
Pago con cuota porcentaje mensual. De las compras y operaciones realizadas, el día 15 de cada mes le cargan un porcentaje, más intereses (1,85%) y comisiones.

Independientemente de la modalidad de pago elegida, usted recibe en su domicilio un extracto mensual donde se recogen todas las operaciones realizadas durante el mes anterior.

Y si lo desea, con tan solo una llamada a la **Línea BCB** 900 010 101, cada mes podrá decidir la cantidad que desea pagar, dejando el resto para el mes siguiente.

En caso de robo o pérdida de su tarjeta, la responsabilidad por uso ilegal antes de la notificación al **BCB** está limitada a un máximo de 250 euros. Si las compras están realizadas después de la notificación, el **BCB** asume el 100% de la operación.

El **BCB** ofrece a todos sus clientes la posibilidad de contratar a través de toda su red de sucursales, o a través de **Línea BCB**, un seguro de protección de tarjetas.

BCB premia su confianza. Por realizar sus compras con la tarjeta acumulará puntos para el sorteo de una vuelta al mundo para dos personas.

1. ¿En qué modalidades no se pagan intereses y comisiones?
2. ¿De qué manera está el cliente informado sobre las compras que ha realizado con su tarjeta?
3. ¿Puede el cliente decidir la modalidad de pago de su tarjeta? ¿Cuándo?
4. Si un cliente pierde su tarjeta BCB, ¿se responsabiliza el banco de los gastos que ocasione un posible uso ilegal de la tarjeta?
5. ¿Qué estrategia utiliza el BCB para que sus clientes utilicen la tarjeta en sus compras?

Resultado: de 10

CD 39

3. Vas a escuchar a una persona que ha estado recientemente en una feria. Escucha y decide si las siguientes afirmaciones son verdaderas (V) o falsas (F).

Resultado: de 10

1. En la feria no había muchos expositores extranjeros.

2. Fueron a la feria para conseguir nuevos clientes.

3. Fueron a la feria para ver novedades y conocer a nuevos proveedores.

4. Hicieron varios encargos a unos fabricantes franceses de muebles.

5. No hubo problemas en los accesos.

4. Imagina que el mes pasado participaste en una feria. Escribe un informe explicando tu experiencia en ella. No te olvides de los siguientes aspectos:

el stand - tipo de público y contactos - la organización
novedades interesantes - problemas

Resultado: de 10

TOTAL: de 50

7

Internet

1 Expresar finalidad: **para** + Infinitivo, **para que** + Subjuntivo
2 Servicios *on-line* de un banco
3 Expresar conveniencia
4 Breve historia de internet. **Desde, hace, llevar**
5 **Llevar** + cantidad de tiempo
6 **Desde, hace, llevar**
7 Expresar deseos e intenciones
8 Una reunión de un equipo de marketing. **Querer, pedir, sugerir**
9 Expresar deseos e intenciones
10 Comparar el español con otras lenguas
11 Un correo electrónico: lugares que **vale/merece la pena** visitar de una ciudad
12 Carta de encargo del diseño de una página web
13 Artículo: Internet y el español

1. A. Lee los anuncios de dos sitios web que ofrecen servicios parecidos y decide cuál te convence más.

Nuestro objetivo es ponérselo fácil

- Consulte www.viajar.com para viajar con tranquilidad
- Consulte www.viajar.com para planificar sus viajes por carretera
- Consulte www.viajar.com para encontrar hoteles y restaurantes
- Consulte www.viajar.com para no perderse en una ciudad desconocida
- Consulte www.viajar.com para conocer las previsiones meteorológicas
- Consulte www.viajar.com para calcular sus gastos

ENTRAR

¿NECESITA UNA GUÍA PARA PLANIFICAR SUS VIAJES POR EUROPA?
En **www.mapa.com** tiene la respuesta

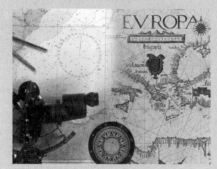

Porque hemos diseñado nuestro sitio para que usted tenga acceso a todo tipo de informaciones prácticas y turísticas.

Encontrará planos detallados para desplazarse por una ciudad, una selección de itinerarios por carretera, datos para calcular los costes del viaje, información sobre la previsión meteorológica, direcciones y teléfonos para reservar hoteles y... ¿Y si visita nuestro sitio y lo comprueba?

Seamos sinceros. Nuestro objetivo es que usted no pueda vivir sin nosotros. Y lo conseguiremos.

B. Observa las frases de los anuncios en las que aparece la preposición **para** y responde:

¿Cuándo se usa **para** + Infinitivo?

....

¿Y cuándo se usa **para** + **que** + Presente de Subjuntivo?

....

C. Y tú, ¿consultas internet antes o durante tus viajes? ¿Para qué exactamente? ¿Para qué más utilizas internet? Coméntalo con tu compañero.

- Casi siempre uso internet para comprar mis billetes de avión.
- Pues yo para mirar el tiempo que va a hacer...

2. A. Aquí tienes una serie de palabras relacionadas con el sitio web de un banco. ¿Puedes organizarlas en los dos grupos que aparecen a continuación?

Operaciones	Ventajas

Consulta de extractos de cuentas
Navegación rápida y sin esperas inútiles
Información completa sobre productos
   y mercados
Seguridad absoluta
Transferencias
Trato personalizado al máximo
Operaciones de bolsa
Domiciliaciones de recibos
Actualización constante
Órdenes de pagos
Seguimiento de créditos
Rapidez de acceso

B. Completa ahora la circular que un banco ha enviado a sus clientes para anunciarles sus servicios *on-line*. Puedes utilizar las expresiones anteriores.

BANCOVER Servicio de banca a distancia
Sargadelos, 13
28001 Madrid

Madrid, 12 de junio de 2009

Estimado cliente:

Tenemos el placer de comunicarle que hemos mejorado nuestros servicios y que a partir de ahora podremos atenderle aún mejor.

¿Quiere disponer realmente de un banco en casa para consultar sus extractos de cuenta, ...,
...., ..., ..., sin desplazamientos y sin límite de horarios?

Ya lo tiene con **BANCASA** . Estamos aquí para que usted tenga rapidez de acceso, ...,
...., ..., ...

Nuestro objetivo fundamental es que su vida sea más cómoda. No dude en ponerse en contacto con nosotros.

Atentamente,

Mila Castro

Mila Castro
Departamento de marketing

3. A. Lee y analiza el resultado de una encuesta realizada a 100 usuarios de una página web que vende material informático. ¿Qué es lo que más valoran? ¿A qué dan menos importancia?

Valoración de 100 usuarios	Mucho	Bastante	Poco
Facilidad de paso de una sección a otra	80	15	5
Claridad de los iconos	75	10	15
Colores fuertes para llamar la atención	35	45	20
Rapidez de descarga	80	20	0
Barra de navegación con contenidos claros	70	25	5
Predominio de las imágenes sobre textos	30	40	30
Buzón para ponerse en contacto con la empresa	85	10	5
Letra grande y clara	35	25	40
Inclusión de muchas ventanas y enlaces	30	35	35
Muchas imágenes en movimiento	30	25	45

● ¿Has visto? Un 80% valora mucho la posibilidad de ir de una sección a otra con rapidez.
● Pues sí, pero hay algo más importante...

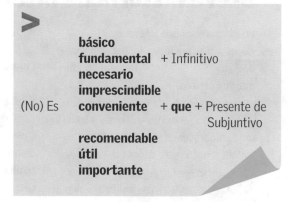

B. A partir de los resultados de la encuesta del apartado A, elabora una lista de recomendaciones para alguien que quiera crear una página web.

RECOMENDACIONES

Es imprescindible que el usuario pueda pasar fácilmente de una sección a otra.

4. A. Decide si las siguientes afirmaciones sobre la historia de internet son verdaderas (V) o falsas (F).

   1. Internet existe desde los años 60.

   2. Internet siempre ha tenido el mismo nombre.

   3. Los militares fueron los primeros en utilizar la red.

   4. Los investigadores se interesaron muy pronto por internet.

   5. La finalidad de internet consiste en conectar ordenadores entre sí.

   6. Hace unos 20 años que se creó la versión actual de internet.

B. Lee el siguiente texto y comprueba tus respuestas. Antes, debes completar los espacios en blanco con **lleva**, **desde**, **desde que**, **desde hace** o **hace**.

Breve historia de internet

Puede parecer que internet _____ pocos años funcionando, pero en realidad ya _____ más de 30 años que fue creado.

Al principio apenas había cinco ordenadores en todo el mundo y el desarrollo de la red telefónica era mínimo.

Pero, a comienzos de los 60, los avances informáticos dieron un salto enorme. En aquellos momentos había en todo el mundo un parque informático de unos 100 ordenadores. Sin embargo, ya se veía la necesidad de conectarlos y de poder compartir sus recursos.

Se puede decir que el embrión de lo que después fue internet existe _____ 1969, con la creación de ARPANET. Este proyecto fue financiado por la Advanced Research Projects Agency (ARPA), organismo dependiente del Departamento de Defensa de los Estados Unidos.

En realidad, la red se empezó a desarrollar _____ el gobierno de los Estados Unidos vio su utilidad para la estrategia defensiva. En el contexto político mundial de la década de los 60, para los responsables de defensa de los EE. UU. era necesario crear un sistema de comunicación de datos a prueba de un ataque nuclear. Por eso se puede afirmar que la red existe _____ mucho tiempo, aunque al principio se utilizó solo para fines militares.

Sin embargo, _____ el principio, los investigadores fueron conscientes de que ante ellos tenían el mayor y más potente canal de comunicación de la historia después de la imprenta y vieron enseguida la posibilidad de interconectar los ordenadores de los centros de investigación.

A pesar de todo, no _____ mucho más de dos décadas que tenemos acceso a la red; exactamente _____ 1986, año en que surgió NSFNET, el sistema que sustituyó a ARPANET y que conectaba a todos los usuarios de seis superordenadores. Poco después, su uso se extendió al campo de la investigación y de la ciencia. Actualmente, existen millones de usuarios de internet repartidos por todo el mundo.

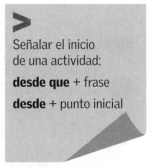

Señalar el inicio de una actividad:

desde que + frase

desde + punto inicial

Hablar del tiempo transcurrido hasta el presente:

llevar + Gerundio

hace + cantidad de tiempo + **que**

desde hace + cantidad de tiempo

5. A. ¿Qué problemas crees que tienen las personas a las que van dirigidas las siguientes sugerencias? Coméntalo con tu compañero.

1
Es normal que estés agotado. Es época de exámenes, ya lo sé, pero dos noches seguidas... Te sugiero que duermas un poco más.

4
¿Hace cinco años que lo estudia? ¿Y todavía no sabe tocar nada? Pues yo le sugiero que vaya a hacer un curso de un año a Austria. Aprenderá mucho.

2
Tres años en el mismo puesto y sin ningún tipo de promoción no es muy normal. ¿Por qué no hablas con tu jefe y le expones tu problema?

5
Hace natación, sí, pero solo un día a la semana. Yo le propongo que haga nuestro programa que combina natación y gimnasia. Verá como elimina el dolor de espalda.

3
¡Dos noches buscando en internet y no has encontrado nada! ¿Y si vas directamente a mi agencia de viajes? Yo siempre encuentro vuelos muy baratos.

6
¿No me digas? ¿Dices que no quiere hablar contigo desde hace una semana? ¡Qué raro! Pero si Jorge nunca se enfada... Seguro que le hiciste algo. Yo le invitaría a cenar y hablaría con él...

✳
● ¿Qué crees que le pasa al primero?
● Lleva dos noches sin dormir porque...

B. ¿Qué crees que han dicho exactamente estas personas?

1. **Llevo dos noches estudiando para el examen.**

2. ....

3. ....

4. ....

5. ....

6. ....

6. En parejas A y B.

Alumno A

A. Pregunta a tu compañero para saber si hace alguna de estas cosas. Si la respuesta es "sí", pregúntale cuánto tiempo hace que la realiza y toma notas.

toca algún instrumento musical

va en coche normalmente

consume alimentos dietéticos

se interesa por los problemas ecológicos

se relaciona con gente que habla español

lee el periódico regularmente y cuál

* ● ¿Tocas algún instrumento?
● Sí, la guitarra.
● Y ¿desde cuándo?
● Desde que tenía ocho años.

Alumno B

A. Pregunta a tu compañero para saber si hace alguna de estas cosas. Si la respuesta es "sí", pregúntale cuánto tiempo hace que la realiza y toma notas.

estudia otro idioma

fuma

colecciona algo y qué

utiliza el ordenador para su trabajo/sus estudios

practica algún deporte y cuál

usa lentes de contacto

* ● ¿Estudias otro idioma?
● Sí, japonés.
● Y ¿desde cuándo?
● Desde hace dos años.

B. Ahora explica al resto de la clase lo que has averiguado sobre tu compañero.

CD 40 **7. A.** Vas a escuchar a varias personas en diferentes situaciones. Pon el número del diálogo junto a la situación.

El piloto de un avión a sus pasajeros.

Una clienta descontenta con un producto.

Un Jefe de Personal que quiere contratar a alguien.

Un estudiante el primer día de clase.

Una mujer que está esperando un hijo.

El responsable de marketing de una empresa a una agencia de publicidad.

CD 40 **B.** Vuelve a escuchar a estas personas y escribe lo que desean o esperan.

1. ....

2. ....

3. ....

4. ....

5. ....

6. ....

CD 41 **8. A.** Escucha la reunión del equipo de marketing de PAPIRUS S.A. ¿Cuál es el motivo de la reunión?

....

CD 41 **B.** Vuelve a escuchar y resume las opiniones de todos los participantes.

El jefe quiere que...

Laura propone que...

Miguel sugiere que...

Iván prefiere que...

Delia necesita que...

Rosa pide que...

C. ¿Qué solución crees que van a adoptar? Coméntalo con tu compañero.

✳ ● Pues yo diría que...

9. Escribe frases explicando tus deseos e intenciones sobre los aspectos siguientes.

1. Un apartamento o una casa que quieres comprar.

   Quiero que tenga una terraza con vistas. Necesito ver el cielo.

2. Tu futuro profesional.

3. Tus próximas vacaciones.

4. Un curso de formación que empiezas hoy.

5. Una cena a la que estás obligado a ir sin tener ganas.

6. Un cliente al que vas a recibir y al que tienes que enseñarle la ciudad.

7. Un coche que quieres comprar.

8. Unas reformas que quieres hacer en tu casa.

> **Necesito**
> **Quiero** + **que** + Subjuntivo
> **Espero** + Infinitivo

CD 42 **10. A.** Escucha a Bárbara, una estudiante de español que está comparando el español con otras lenguas. ¿Con cuáles?

CD 42 **B.** Vuelve a escuchar y marca si ha dicho las siguientes frases.

1. Aprender español es más complicado de lo que creía.

2. El inglés me cuesta más que el español.

3. Hablar español me plantea más problemas que escribirlo.

4. Encuentro más fácil hablar por teléfono que escribir correos electrónicos.

5. Los ejercicios escritos no me gustan tanto como las actividades orales.

6. La gramática no es tan difícil como parece.

7. Es más fácil entender un texto escrito que a un nativo hablando.

C. ¿Qué aspectos te resultan más fáciles? ¿Y más difíciles? Coméntalo con tu compañero.

* ● A mí me cuesta mucho entender a los nativos.
  ● Pues para mí es más difícil...

11. A. Martina va a visitar Sevilla próximamente. Lee el correo electrónico que le envía Carmen, su amiga sevillana. Según Carmen, ¿qué vale la pena visitar en Sevilla?

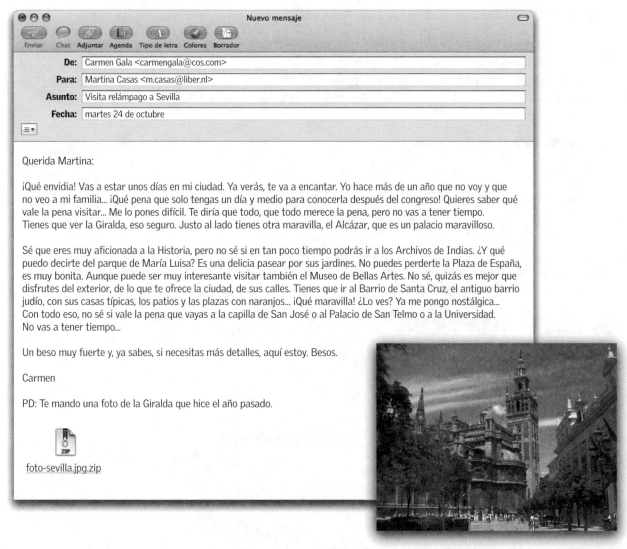

```
⬤ ⬤ ⬤                          Nuevo mensaje
  Enviar   Chat  Adjuntar  Agenda  Tipo de letra  Colores  Borrador

     De:  Carmen Gala <carmengala@cos.com>
    Para:  Martina Casas <m.casas@liber.nl>
  Asunto:  Visita relámpago a Sevilla
   Fecha:  martes 24 de octubre
```

Querida Martina:

¡Qué envidia! Vas a estar unos días en mi ciudad. Ya verás, te va a encantar. Yo hace más de un año que no voy y que no veo a mi familia... ¡Qué pena que solo tengas un día y medio para conocerla después del congreso! Quieres saber qué vale la pena visitar... Me lo pones difícil. Te diría que todo, que todo merece la pena, pero no vas a tener tiempo. Tienes que ver la Giralda, eso seguro. Justo al lado tienes otra maravilla, el Alcázar, que es un palacio maravilloso.

Sé que eres muy aficionada a la Historia, pero no sé si en tan poco tiempo podrás ir a los Archivos de Indias. ¿Y qué puedo decirte del parque de María Luisa? Es una delicia pasear por sus jardines. No puedes perderte la Plaza de España, es muy bonita. Aunque puede ser muy interesante visitar también el Museo de Bellas Artes. No sé, quizás es mejor que disfrutes del exterior, de lo que te ofrece la ciudad, de sus calles. Tienes que ir al Barrio de Santa Cruz, el antiguo barrio judío, con sus casas típicas, los patios y las plazas con naranjos... ¡Qué maravilla! ¿Lo ves? Ya me pongo nostálgica... Con todo eso, no sé si vale la pena que vayas a la capilla de San José o al Palacio de San Telmo o a la Universidad. No vas a tener tiempo...

Un beso muy fuerte y, ya sabes, si necesitas más detalles, aquí estoy. Besos.

Carmen

PD: Te mando una foto de la Giralda que hice el año pasado.

foto-sevilla.jpg.zip

 B. Imagina que un amigo tuyo va a visitar tu ciudad, pero dispone de poco tiempo. Indícale lo que vale la pena y lo que no merece la pena que conozca. Escríbelo.

12. A. Aquí tienes un gráfico sobre los inconvenientes del comercio electrónico. Analízalo y haz una lista de lo que crees que una empresa tiene que incluir para vender sus productos por internet.

LOS INCONVENIENTES DEL COMERCIO ELECTRÓNICO

1. Dificultad en las entregas **17,4%**

2. Desconfianza en los pagos **21,8%**

3. Poca oferta de productos **6,3%**

4. Conexión cara **8,4%**

5. Poca información **8,2%**

6. Envíos caros **10,2%**

7. Conexión lenta **10,4%**

8. Miedo a la pérdida de privacidad **17,3 %**

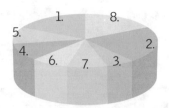

Seguridad absoluta en el pago.

B. Trabajas en Musicalia, una empresa que vende material discográfico. Continúa la carta de encargo de un proyecto de diseño de una página web.

MUSICALIA

Madrazo, 56
08001 BARCELONA

Barcelona, 25 de julio de 2008

Estimados Señores:

Nos dirigimos a DISEÑOWEB para encargarles la realización del diseño de una página web para nuestra empresa. En MUSICALIA hemos decidido ampliar nuestro mercado a través del comercio por la red. Aunque es un gran reto, debido a la competencia que existe en este sector, creemos que nuestro fondo musical es suficientemente amplio y variado como para poder ofrecerlo a través de internet.

Les adjunto un documento con los detalles de los servicios concretos que queremos ofrecer a nuestros clientes. Sin embargo, quisiéramos puntualizar algunos aspectos de tipo general para poder ofrecer un mejor servicio a nuestros futuros clientes.

Ante todo, queremos que el cliente tenga una seguridad absoluta en el sistema de pago...

Atentamente,

>
recordar
querer
preferir
desear   + Presente de Subj.
pretender
rogar
necesitar
esperar

13. A. Antes de leer el artículo, fíjate en el título "Internet y el español", ¿de qué crees que va a tratar? Coméntalo con tu compañero.

INTERNET
Y EL ESPAÑOL

Los humanos no somos los únicos que tenemos que adaptarnos a las nuevas tecnologías, las lenguas también, y el español no es una excepción.

Internet ha transformado enormemente nuestras vidas; ha nacido una nueva forma de comunicación que además de modificar nuestras costumbres, nos ha obligado a crear y adaptar un nuevo vocabulario. La mayor parte del léxico relacionado con internet proviene del inglés y su inserción en la lengua a menudo provoca algún problema. En muchos casos, esas nuevas palabras mantienen su forma inglesa, por ejemplo la palabra *web*. En otros casos, las palabras conservan su forma original pero se adaptan al español: "acceso" a partir de *access*, "dominio" de *domain*. Otras son adaptaciones de palabras inglesas "bajar" por *download*, "navegación" por *navigate*. También existe algún híbrido de inglés y de castellano, como chatear.

El dilema que se plantea es el mismo que el que hubo tiempo atrás con palabras relacionadas con el deporte o con otros campos técnicos: nuestra lengua tiene que digerir y asimilar una gran cantidad de palabras provenientes del inglés. Y aquí caben todas las opiniones.

El principal problema del léxico relacionado con internet viene dado por el alcance y la magnitud del medio, por lo que se puede prever que esas palabras tendrán una amplia difusión. Pero, por otra parte, quizás en el mismo medio se pueda encontrar la solución. ¿Por qué no aprovechar las inmensas ventajas de comunicación de internet para discutir y poner en común esta terminología entre la comunidad hispanohablante?

B. Como ves, en español, muchas de las palabras relacionadas con internet provienen del inglés. ¿Ocurre lo mismo en tu lengua? Coméntalo con la clase.

8

Correspondencia comercial

1 Partes de una carta
2 Saludos y despedidas
3 Expresiones equivalentes
4 Condiciones de pago y de entrega
5 Dos correos electrónicos
6 Fragmentos de cartas comerciales
7 Abreviaturas
8 Carta de reclamación de un pago
9 Expresiones frecuentes en la correspondencia comercial
10 Una factura, una hoja de pedido y un albarán
11 Una reclamación
12 Una carta de confirmación de un pedido
13 Entrevista: un buen negociador
14 Negociaciones

1. A. ¿Sabes cómo se llaman las diferentes partes de una carta? Relaciona estos elementos con su nombre.

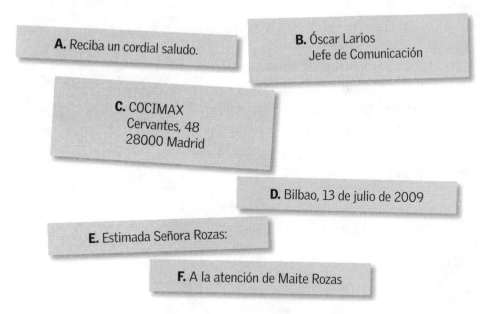

A. Reciba un cordial saludo.

B. Óscar Larios
Jefe de Comunicación

C. COCIMAX
Cervantes, 48
28000 Madrid

D. Bilbao, 13 de julio de 2009

E. Estimada Señora Rozas:

F. A la atención de Maite Rozas

1. **Destinatario**
2. **Fecha**
3. **Despedida**
4. **Dirección**
5. **Firma**
6. **Saludo**

B. Completa la carta con los elementos anteriores.

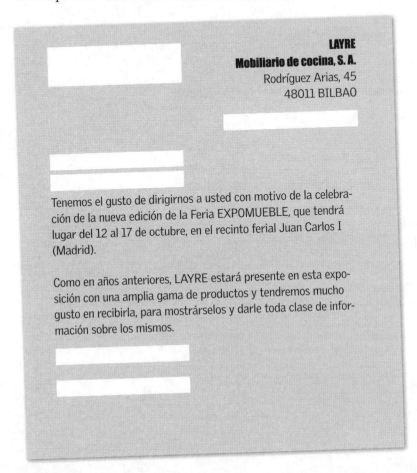

LAYRE
Mobiliario de cocina, S. A.
Rodríguez Arias, 45
48011 BILBAO

Tenemos el gusto de dirigirnos a usted con motivo de la celebración de la nueva edición de la Feria EXPOMUEBLE, que tendrá lugar del 12 al 17 de octubre, en el recinto ferial Juan Carlos I (Madrid).

Como en años anteriores, LAYRE estará presente en esta exposición con una amplia gama de productos y tendremos mucho gusto en recibirla, para mostrárselos y darle toda clase de información sobre los mismos.

2. A. ¿Cuáles de las siguientes expresiones son saludos y cuáles despedidas?

1. Estimada Sra. Cortázar:
2. Un cordial saludo,
3. Cordialmente,
4. Atentamente,
5. Un fuerte abrazo,
6. ¡Hola Pedro!
7. Querida Carla:
8. Estimados señores:
9. ¿Qué tal, Fernando?
10. Muchos besos y recuerdos para todos.
11. Aprovechamos la ocasión para saludarles atentamente.
12. Distinguidos clientes:
13. Les saluda atentemente,
14. Un beso,
15. Luisa:

Saludos	Despedidas

B. De las expresiones anteriores, ¿cuáles crees que no se utilizan habitualmente en la correspondencia comercial?

3. Busca y anota las expresiones equivalentes en la carta de la página 88 del *Libro del alumno*.

	Nos complace enviarles...
1. Les mandamos...	
2. ...nos pidieron...	
3. Por lo que se refiere a...	
4. ...cuando reciban...	
5. ...ascienda a más de...	
6. La mercancía les llegará...	
7. ...corre a cuenta suya.	
8. ...les interesen...	

CD 43 **4. A.** Escucha la conversación y completa el cuadro con los datos sobre la tienda de muebles MIKEA.

	Verdadero	Falso
1. MIKEA es un cliente potencial.		
2. MIKEA respeta las fechas de pago.		
3. El importe del pedido asciende a 30 000 euros.		
4. MIKEA paga sus facturas a 90 días f.f.		
5. A veces, MIKEA paga a 30 días f.f.		
6. MIKEA no interesa como cliente.		

B. Con los datos del apartado anterior, decide qué condiciones de pago y de entrega aplicarías a MIKEA S. A.

Forma de pago ....
Descuento ....
Plazo de entrega ....
Transporte a cargo de ....

C. Ahora, escribe una carta al posible cliente informándole sobre las condiciones comerciales que vas a ofrecerle.

MIKEA S.A.
Avda. Rodrigo s/n
28004 MADRID

Estimados señores:

Nos complace mandarles las condiciones comerciales que podemos ofrecerles en relación a su pedido.

Por lo que se refiere a las condiciones de pago,

Estamos dispuestos a concederles un descuento del

Realizaremos la entrega

El transporte

Esperamos que estas condiciones les convengan y que este primer envío sea el inicio de una larga y fructífera relación comercial.

Reciba un cordial saludo.

Departamento Comercial

5. A. Estos dos correos electrónicos son de la empresa Mara Moda. ¿Cuál es el motivo de cada uno de ellos?

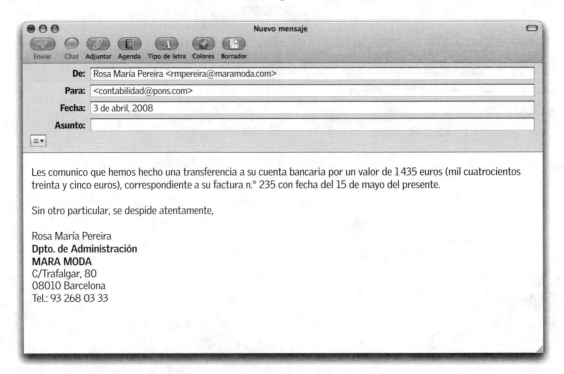

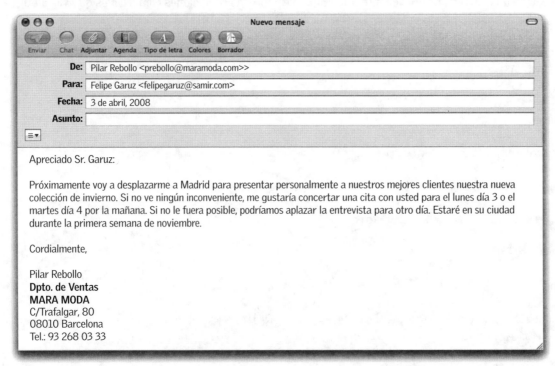

B. Completa el espacio destinado al "asunto" en los dos correos electrónicos.

6. ¿A qué tipo de carta comercial corresponden los fragmentos siguientes?

	Aplazamiento de un pedido
	Reclamación de una factura
	Anulación de un pedido

1.

Les devolvemos adjunta su factura referenciada en la parte superior, puesto que han considerado el precio de 23 euros/u. cuando el que habíamos establecido era de 21 euros/u.

Por tal motivo, les rogamos que nos vuelvan a enviar dicha factura...

2.

Dado que el plazo establecido para la entrega de nuestro pedido A/890 no se ha respetado, y considerando que lo necesitábamos urgentemente, les comunicamos la cancelación del mismo.

3.

Hacemos referencia a su pedido n.º 4567, cuyas condiciones aceptamos en su totalidad. Sin embargo, al proceder a su envío, nos encontramos con que no disponemos de la cantidad que solicitan. Por este motivo, les rogamos que acepten nuestras disculpas y les garantizamos que recibirán la entrega de la mercancía en un plazo máximo de una semana.

7. Aquí tienes una pequeña lista de abreviaturas. Con tu compañero, intenta deducir qué significado pueden tener.

Cía.	Sra.	Sociedad Limitada	Departamento
Sr.	n.º	Remitente	Señora
dto.	Rte.	hermanos	número
S. L.	hnos.	Compañía	descuento
n/cta.	C. P.	Señor	Código Postal
Dpto.	S. A.	nuestra cuenta	Sociedad Anónima

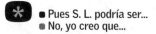

● Pues S. L. podría ser...
● No, yo creo que...

8. Una compañera de trabajo tiene que escribir una carta urgente a un cliente, pero en este momento no puede hacerlo y te pide que la ayudes. Sigue sus instrucciones.

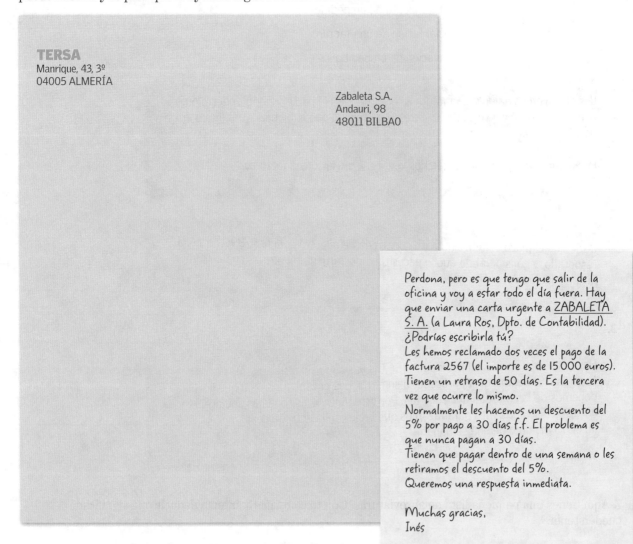

TERSA
Manrique, 43, 3º
04005 ALMERÍA

Zabaleta S.A.
Andauri, 98
48011 BILBAO

Perdona, pero es que tengo que salir de la oficina y voy a estar todo el día fuera. Hay que enviar una carta urgente a ZABALETA S. A. (a Laura Ros, Dpto. de Contabilidad). ¿Podrías escribirla tú?
Les hemos reclamado dos veces el pago de la factura 2567 (el importe es de 15 000 euros). Tienen un retraso de 50 días. Es la tercera vez que ocurre lo mismo.
Normalmente les hacemos un descuento del 5% por pago a 30 días f.f. El problema es que nunca pagan a 30 días.
Tienen que pagar dentro de una semana o les retiramos el descuento del 5%.
Queremos una respuesta inmediata.

Muchas gracias,
Inés

9. Escribe expresiones de uso frecuente en la correspondencia comercial, combinando con las palabras del recuadro. Hay más de una posibilidad.

un pago   un documento   un envío   una entrega   un pedido   un importe   una factura

reclamar ....

enviar ....

aplazar ....

pagar ....

anular ....

adjuntar ....

10. A. ¿Sabes cómo se llaman estos documentos? ¿En qué orden se utilizan en una operación comercial?

albarán
hoja de pedido
factura

1. ....

CIBER JUEGOS S. A.

Cliente:
Dirección:
Teléfono:
Nº de CIF:
Nº de pedido:
Fecha:

MODELO	REFERENCIA	CANTIDAD	PRECIO UNITARIO	PRECIO TOTAL
			Euros:	
			Euros:	
			TOTAL:	
			Dto. acordado:	
			IVA 12%:	
			IMPORTE TOTAL:	

2. ....

CONSTRUCCIONES Y MONTAJES
Paseo del faro, 27
20280 FUENTERRABIA

N.º:
RESTAURANTE GOURMET   Zaragoza, 24 de abril de 2008

MODELO	REFERENCIA	CANTIDAD	PRECIO UNITARIO	PRECIO TOTAL
			TOTAL:	

Recibí conforme:
(Firma)

3. ....

SUMINISTROS FEDRA
Pl. Numancia, 33
26006 LOGROÑO

Logroño, 1 de septiembre de 2008

N.º :
PAPELERÍA QUEVEDO
DEBE
Por las siguientes mercancías remitidas por SUMINISTROS FEDRA
Pago a 60 días

CANTIDAD	CONCEPTO	PRECIO	IMPORTE	TOTAL	12%	TOTAL A PAGAR

B. Explica cuándo se envía y para qué sirve cada uno de estos documentos.

	¿Cuándo se envía?	¿Para qué sirve?
factura		
hoja de pedido		
albarán		

11. A. Lee la carta que ha recibido la Directora de BANKTER. ¿Cuál es el motivo de la reclamación de la clienta?

A/at. Sra. Conejero
BANKTER
Marquina, 90
28023 MADRID

Distinguida Sra. Conejero:

El pasado 5 del corriente mes recibí la tarjeta X1000 que ustedes me enviaron. Al día siguiente pasé por sus oficinas y se la entregué personalmente a uno de los empleados. Le expliqué que probablemente había un error puesto que, por una parte, no la había solicitado y, por otra, no la considero necesaria dado que ya tengo las dos que me ha ofrecido su entidad.

Imagine mi sorpresa cuando, ayer, al recibir mi extracto de cuenta, comprobé que se me había cargado el importe anual de la tarjeta X1000 en mi cuenta.

Deseo expresarle mi desacuerdo por este hecho que, seguramente, se debe a un error de algún empleado. Le agradecería que diera las instrucciones necesarias para resolver este problema cuanto antes.

En espera de sus prontas noticias, la saluda atentamente,

Sara Vela

- El empleado del banco no fue muy amable con la clienta.

- Le han cobrado en su cuenta una tarjeta que es gratuita.

- Ha devuelto una tarjeta que no pidió y le han cobrado el importe.

- No le han enviado una tarjeta que había pedido.

- Ha recibido una tarjeta que no está a su nombre.

- Quiere solicitar la tarjeta X1000.

B. Escribe una carta de reclamación. Piensa en algo que te haya sucedido últimamente o utiliza una de estas ideas.

Hace un mes que compraste un televisor y todavía no te lo han enviado.

Has comprado unos CDs por internet y has pagado un recargo por envío urgente. Los has recibido al cabo de dos semanas.

Hace cuatro semanas que pediste que te instalaran el ADSL y todavía no funciona. Has llamado muchas veces a la compañía y no te lo solucionan.

Compraste un móvil con una oferta de cuatro horas al mes de comunicación gratuita durante seis meses. Ahora has recibido una factura que te reclama el pago de esas llamadas.

12. Escucha otra vez la conversación de la página 89 del *Libro del alumno*, toma notas y completa la carta que Delia Ortega envía a Juan González confirmando los puntos acordados en la negociación.

ALMACENES SÚPER
Plaza Arboleda, 4
28005 MADRID

SEDATEX
C/ Cisneros,
30007 MURCIA

Madrid, 26 de octubre de 2001

Estimado Sr. González:

Según la conversación mantenida en nuestras oficinas el pasado jueves, tengo el gusto de confirmarle por escrito los acuerdos a los que llegamos.

En primer lugar,

_____

_____

_____

_____

_____

_____

_____

Delia Ortega
DELIA ORTEGA
Jefa de Compras

13. A. Lee la entrevista a Rosa Campos, directora del Departamento de Fusiones y Adquisiciones de Ramírez e Hijos. Según ella, ¿qué cualidades debe tener un buen negociador?

UN BUEN NEGOCIADOR

Entrevista con Carmen Campos, directora del Departamento de Fusiones y Adquisiciones de Ramírez e Hijos.

Señora Campos, ¿por qué se da tanta importancia a la negociación en el mundo empresarial?
Porque existe una relación directa entre la habilidad para negociar y la obtención de beneficios a todos los niveles. Tenga en cuenta que se negocia con todo el mundo: con proveedores, con socios, con trabajadores y también con otras empresas para establecer acuerdos.

¿Cómo definiría entonces a un buen negociador?
Ante todo, tiene que ser un buen comunicador y debe tener una gran capacidad para escuchar. También es importante que conozca en profundidad tanto el tema objeto de la negociación, como las culturas de las personas con las que debe negociar. Esto último es vital entre personas de procedencias muy diferentes. Existe, además, otro aspecto muy importante; hay que saber encontrar el equilibrio entre, por un lado, ser metódico y organizado en la línea de trabajo y, por otro, saber improvisar, argumentar y convencer en una negociación.

¿Se puede aprender a negociar?
Es indudable que hay personas con más capacidad para negociar que otras, pero también es evidente que es una habilidad que puede ser aprendida con unas técnicas muy precisas.

¿Qué factores contribuyen al éxito de una negociación?
El factor clave es una buena preparación, no solo de la estrategia, sino también sobre el tema y el equipo negociador. A ello hay que añadir una cierta dosis de originalidad para encontrar las opciones que puedan satisfacer al máximo los intereses de los que negocian.

¿Cuál es la principal dificultad en las negociaciones?
Yo creo que, básicamente, se reduce a la negativa a escuchar al contrario. Muchas veces se plantea la negociación como un puro enfrentamiento. Afortunadamente, los negociadores no siempre se enfrentan, hay que pensar que a menudo es posible encontrar una solución conjunta a los problemas.

Y ahora, señora Campos, un tema polémico: ¿las mujeres negocian mejor que los hombres?
Se dice que las mujeres, en general, tienen una actitud muy receptiva y participativa y que, además, poseen una visión cooperativa y no son tan competitivas como los hombres. También se afirma que suelen ser "más flexibles" en sus acciones y que escuchan de una manera más "activa". Es decir, que no solo escuchan atentamente al interlocutor, sino que le transmiten la sensación de que prestan atención a sus palabras.

Y usted, personalmente, ¿qué cree?
En el terreno laboral, no creo en un mundo de hombres y mujeres, sino en un mundo de profesionales. Una mujer con todas estas cualidades será una mejor negociadora si tiene delante a un hombre que no las tenga, y viceversa. Por eso, repito, yo no hablaría tanto de hombres y mujeres, sino de buenos o malos profesionales.

B. Haz una lista con los factores que Rosa Campos considera importantes para que una negociación sea eficaz. ¿Cuáles consideras tú más importantes?

14. A. Escucha estas tres conversaciones. ¿Qué negocian en cada una de ellas? Escribe el número donde corresponda.

<table>
<tr><td>☐ el precio</td><td>☐ un descuento</td></tr>
<tr><td>☐ la calidad del producto</td><td>☐ la fecha de pago</td></tr>
<tr><td>☐ el tipo de transporte</td><td>☐ la fecha de entrega</td></tr>
</table>

B. Escucha otra vez y completa los diálogos.

1.

- ¿Cuatro semanas? ¿Quiere decir, una semana antes de la vuelta al colegio de los niños?
- Exactamente.
- Hablemos en serio, por favor... esto _____.
- Pero es que no podemos enviárselo antes... _____ nos piden una cantidad enorme...
- Pues, razón de más para hacer un esfuerzo.
- Bueno, hablaré con el Departamento de Producción y _____.
- Bien, pero me tiene que dar una respuesta hoy mismo.
- De acuerdo, la llamo luego.

2.

- Hemos visto el catálogo y la nueva colección nos gusta y queremos hacer un pedido.
- Bien, ¿para cuándo lo necesitarían?
- En el plazo de entrega podemos ser muy flexibles, pero en las condiciones de pago, _____.
- Nosotros lo tenemos ya establecido a 60 días...
- ¿Y no podrían hacer una excepción por esta vez? Nos convendría efectuar el pago a 90 días y no a 60...
- Pues, francamente, es complicado...
- Es que tenemos problemas de tesorería, que vamos a solucionar muy pronto, pero...
- Creo que podríamos llegar a un acuerdo si el transporte corre a su cargo.
- Mmm... Bueno, pues _____ ... El transporte lo pagamos nosotros.
- De acuerdo. Entonces lo dejamos a 90 días.
- Perfecto.

3.

- Me lo pone difícil, señora García... Bueno, mire, les haremos un descuento del 6% _____ nos paguen al contado.
- ¿Solo un 6%? No. _____. Si les pagamos al contado, el descuento tiene que ser del 8%.
- ¿El 8%...? Es mucho.
- Señor Rodríguez, por favor, sea sincero, ¿cuántos clientes le pagan al contado?
- No muchos...
- ¿No muchos? Yo diría que ninguno, y usted lo sabe... Un 8% es perfectamente razonable en estas condiciones...
- Bueno, señora García, pero solo porque es usted una clienta de muchos años, ¿eh?
- Bien, entonces _____.

9

Estrategias de publicidad

1 Soportes publicitarios
2 Vocabulario relacionado con la publicidad
3 Campañas publicitarias
4 Ventajas e inconvenientes de la publicidad
   en internet
5 Expresar acuerdo, desacuerdo y duda
6 Reaccionar ante opiniones ajenas
7 Opinar. Verbos en Indicativo y en Subjuntivo
8 El acta de una reunión
9 Expresar hipótesis y probabilidad
10 Una cuña publicitaria
11 Hacer hipótesis
12 Expresar hipótesis: Futuro y Futuro Perfecto
13 Anuncios publicitarios que deberían prohibirse
14 Elegir un anuncio
15 Eslóganes

1. A. De todos estos soportes publicitarios, elige los tres que, en tu opinión, más impacto tienen.

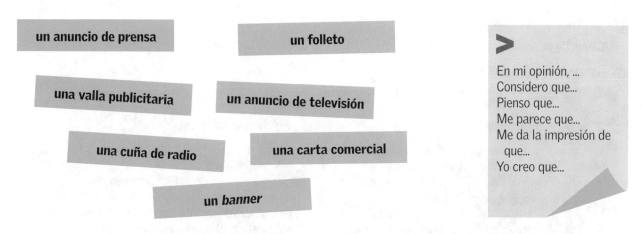

un anuncio de prensa

un folleto

una valla publicitaria

un anuncio de televisión

una cuña de radio

una carta comercial

un *banner*

> En mi opinión, ...
> Considero que...
> Pienso que...
> Me parece que...
> Me da la impresión de que...
> Yo creo que...

B. Prepara tus argumentos e intenta convencer a tu compañero.

✳ ● A mí me parece que el soporte que tiene más impacto es...

2. Relaciona las definiciones con las palabras correspondientes.

1. Es quien encarga y paga la publicidad.	**A. el anunciante**
2. Es el conjunto de personas que siguen un programa de radio o de televisión.	**B. el consumidor**
3. Es el grupo de población al que se dirige un anuncio o producto.	**C. el creativo**
4. Es la empresa o entidad que aporta una cantidad de dinero para que su nombre aparezca en un acontecimiento cultural, deportivo, benéfico, etc.	**D. la audiencia**
5. Es una frase corta que resume el mensaje de una campaña publicitaria.	**E. el público objetivo**
6. Es la persona que diseña la campaña publicitaria.	**F. el buzoneo**
7. Es una estrategia de marketing que consiste en repartir folletos publicitarios a domicilio.	**G. el eslogan**
8. Es la persona que compra el producto.	**H. el patrocinador**

3. A. ¿A qué tipo de campaña publicitaria crees que corresponden las siguientes descripciones de anuncios?

A. Campaña de publicidad comparativa

B. Campaña de solución a un problema

C. Campaña de impacto social

D. Campaña de actitudes

E. Campaña de intriga

F. Campaña de demostración

---

1. Anuncio de televisión

En una isla paradisíaca una señora tiene un ataque al corazón en un restaurante de lujo. El camarero grita: "¿Algún médico en la sala?". El médico aparece de inmediato y recomienda trasladar al enfermo a un hospital. El camarero pregunta si hay un piloto en el restaurante y aparece un piloto con un hidroavión. El marido de la enferma comenta que no encuentra los pasaportes. El camarero busca un abogado o un diplomático. Hay diez personas que dicen ser o una cosa o la otra. Todos ayudan, menos uno que, sorprendido, mira la cuenta que le acaban de pasar y exige la presencia de un economista. La enferma, con un hilo de voz, dice que ella es economista y que puede ayudarle. Se oye una voz en *off* que informa al espectador que existe una página web donde se reúnen todos los profesionales. Esa página es...

---

2. Anuncio de televisión

Un chico está sentado en una parada de autobús. Está intentando hablar con su móvil, pero no funciona (se le ha acabado la batería). Al lado hay una chica que lo observa. Silencio, pasan unos segundos. El chico mira a la chica. Silencio. La chica abre su bolso y saca un móvil. Con una sonrisa, se lo ofrece al chico. En la pantalla aparece un texto: "Móviles Inter para gente encantadora".

---

3. Anuncio de televisión

Se ven dos lavadoras cada una de ellas de una marca distinta. En la de la derecha se puede leer claramente la marca: FAVOR. En la parte superior de cada una de ellas hay una pecera. Segundos después, la pecera de la izquierda empieza a vibrar y molesta tanto al pez que decide saltar a la otra pecera. Una voz en *off* dice: "Las nuevas lavadoras FAVOR funcionan silenciosamente y sin vibraciones. Por eso, muchos las eligen."

---

4. Cuña publicitaria

Las facturas que usted no pide las pagamos todos. No se lo tome a broma: la factura es la garantía de que quien le ha realizado el servicio es un profesional serio, competente y legal. Una persona que le cobrará lo justo, ni más ni menos. Por todo esto y por su seguridad, la factura es la garantía de un trabajo bien hecho. Exija sus facturas. Es un consejo de la Agencia Tributaria.

---

5. Anuncio de televisión

Una chica abre un sobre de sopa instantánea, vierte su contenido en un plato, añade agua caliente, llena la cuchara de sopa y se la lleva a la boca. Mientras, en la pantalla, un reloj va contando los segundos hasta llegar a 20. Una voz en off dice: "En el tiempo que dura este anuncio, KNIR prepara una sopa."

B. Describe un anuncio que corresponda al único tipo de campaña de la lista que no se ha tratado.

4. Estas son, según un grupo de especialistas, algunas de las ventajas que aporta la publicidad en internet. Con tu compañero, haced una lista de los inconvenientes que creéis que puede tener este tipo de publicidad.

> Permite segmentar al máximo el público al que te diriges. Al contratar un *banner*, se puede seleccionar la página, la hora y las zonas geográficas en las que interesa realizar la promoción. Además, una campaña mensual de *banners* cuesta menos que un solo anuncio en la televisión.

> El público de la publicidad en internet es activo. Es el propio usuario quien se dirige a la página web para encontrar información.

> El anunciante tiene la oportunidad de conocer muy bien al cliente ya que, a través del correo electrónico o de encuestas, se puede consultar al usuario qué le falta, qué le gusta y cómo hacerlo mejor. Esto permite ahorrar mucho dinero en estudios de mercados.

> Se puede evaluar la eficacia de una campaña de manera continua, ya que se conoce el número exacto de usuarios que han hecho clic en un *banner*. Si el resultado no es el esperado, se puede cambiar al momento o eliminarlo.

5. Clasifica las siguientes expresiones de opinión según signifiquen acuerdo, desacuerdo o duda.

1. por supuesto
2. puede ser
3. yo también lo veo así
4. depende
5. no siempre
6. no lo veo así
7. en absoluto
8. no estoy tan seguro
9. ¡qué va!
10. por supuesto que no
11. no sé, tal vez
12. desde luego que sí
13. no sé
14. posiblemente
15. estoy totalmente de acuerdo
16. de ninguna manera
17. desde luego que no

acuerdo	desacuerdo	duda

CD 48 **6. A.** Escucha a Olga y Daniel hablando de la última campaña para prevenir accidentes de tráfico. ¿De quién es cada una de las opiniones?

	OLGA	DANIEL
1. Las campañas de prevención de accidentes de tráfico deben ser agresivas.		
2. Hay que utilizar el registro humorístico para llegar hasta el público.		
3. Si los ciudadanos no ven imágenes muy impactantes, no prestan atención al mensaje.		
4. Es mejor mostrar a la gente lo que pasa cuando no se lleva el cinturón de seguridad abrochado y hay un accidente.		
5. Es horrible ver imágenes de accidentes reales.		
6. Las imágenes de accidentes pueden producirnos horror, pero los daños causados por los accidentes son peores que nuestra reacción.		

B. Comenta con tu compañero si estás de acuerdo con Olga o con Daniel. ¿Cómo creéis que debe ser una campaña para prevenir los accidentes de tráfico?

* ● Pues a mí me parece que...

7. Completa la siguiente entrevista a un creativo de publicidad con los verbos entre paréntesis en el tiempo y modo (Indicativo o Subjuntivo) adecuados.

● David Roca, ¿no cree que la publicidad todavía (1 **ser**) _____ absolutamente sexista y discriminatoria para la mujer?

● Bueno, yo no creo que (2 **poderse**) _____ afirmar tal cosa...

● Sin embargo el Instituto de la Mujer considera que aún se (3 **difundir**) _____ la imagen de la mujer que combina mágicamente el ser objeto sexual con la limpieza doméstica.

● Sí, ya sé que el Observatorio de la Publicidad recibe denuncias por campañas sexistas y pienso que este tipo de campañas (4 **deber**) _____ ponerse en evidencia para que no se repitan.

–Y ¿no le parece que 128 campañas denunciadas (5 **ser**) _____ muchas campañas?

● Si tenemos en cuenta el enorme volumen de publicidad existente, no me da la impresión de que (6 **poderse**) _____ hablar de una masa de campañas sexistas...

● Pero ningún medio de comunicación se libra de acusaciones. Recuerde que uno de los periódicos de mayor tirada hizo aparecer a una chica fantástica en portada como objeto que se pide a los Reyes Magos... ¿No opina que (7 **constituir**) _____ una prueba de sexismo absoluto?

● A ver si matizamos un poco. Sí, creo que todavía (8 **existir**) _____ actitudes sexistas por parte de ciertos anunciantes, pero no considero que (9 **ser**) _____ la tendencia general. Estoy seguro de que actualmente la publicidad, como reflejo de una sociedad que ha cambiado mucho, (10 **mejorar**) _____ muchísimo la imagen de la mujer en estos últimos años.

● Es usted muy optimista...

● Soy realista. En mi opinión los anunciantes, en general, (11 **responder**) _____ de forma positiva ante cualquier llamada de atención al respecto. Y por otra parte me da la impresión de que estas denuncias, (12 **estar**) _____ dejando de ser "cosa de mujeres" porque cada vez más hombres, expresan su desacuerdo ante mensajes machistas o sexistas...

8. Una empresa dedicada a la fabricación de zapatos se reúne para decidir el futuro logotipo de una nueva marca de zapatillas deportivas para niños. Escribe un acta que refleje las opiniones de los participantes en la reunión. (Puedes usar como modelo el acta que aparece en la página 102 del *Libro del Alumno*.)

Manuel Vicente

"El 1 es demasiado sexista, es la imagen de un hombre, ¿y las mujeres qué? El 2 es más neutro y transmite el mensaje de velocidad. Pero el más adecuado es el 5, sin duda alguna. Es divertido y da la idea de comodidad que queremos reflejar."

Isabel Torrente

"No entiendo cómo la agencia ha propuesto el 4: ¡Qué ridículo! Y el 6, otra tontería. El 3 me gusta, es gracioso y original..."

Ricardo Ochoa

"Este tipo de grafismo no corresponde a nuestra imagen. El público tiene una percepción más seria de nuestra marca. No me gusta ninguno."

Luisa Fernández

"Sería un desastre asociar estos dibujitos con nuestros productos. Esta agencia tiene mucha fama, pero no es la única en el mercado: hay que probar otra."

1.　　2.　　3.　　4.　　5.　　6.

Estrella Pradera (Presidenta)

"Hay opiniones demasiado dispares para poder adoptar uno de estos logotipos. Sí, es mejor proponer el proyecto a otra agencia rápidamente. Propongo una reunión dentro de 10 días."

Presentes en la reunión:

Fecha:
Asunto:

9. A. Escribe cinco hipótesis sobre cómo crees que será la vida de tu compañero dentro de diez años. Después, coméntalo con él. Recuerda que si tu hipótesis es poco probable o muy original, el verbo irá en Subjuntivo.

1. ....

2. ....

3. ....

4. ....

5. ....

> es posible que
> es probable que
> posiblemente
> probablemente
> a lo mejor
> seguramente
> tal vez
> puede ser que
> quizá

> ¿De verdad?
> ¿Eso crees?
> No, no lo creo.
>
> No, no creo
> Sí, puede ser (que...)
> Sí, es probable

B. Escucha las hipótesis de tu compañero sobre cómo será tu vida dentro de diez años y reacciona.

* ● Ana, probablemente estarás trabajando en algo completamente diferente y tal vez estés viviendo en otro país...
  ● ¿Sí? No lo creo. Estoy muy bien aquí...

CD 49 **10. A.** Escucha las melodías y sonidos que podrían servir como fondo sonoro de cuñas publicitarias. ¿Qué productos o servicios crees que podrían anunciar?

1. ....   3. ....

2. ....   4. ....

* ● En la primera, a lo mejor anuncian...
  ● Sí, es posible...

CD 50 **B.** Escucha una cuña publicitaria y decide a cuál de los cuatro fragmentos anteriores pertenece.

C. Con tu compañero elabora una cuña publicitaria para el producto o servicio que decidáis con uno de los tres fragmentos sonoros restantes siguiendo este modelo.

Tiempo	Control	Locutorio
00.00 00.04	Efecto truenos	**Locutora 1:** Silvia, ¿llevas el paraguas? **Locutora 2:** Sí, el que compré ayer en las rebajas. **Locutora 1:** Pues ábrelo, hija, que está empezando a llover.
00.10	Efecto lluvia	
00.14	Efecto truenos	**Locutora 1:** Pero ¿qué pasa? **Locutora 2:** Nada, ¡que se ha roto! ¡Ay, pero si es nuevo...! **Locutora 1:** ¡Corre! ¡Que nos estamos empapando! **Locutora 2:** ¡Pues vaya ganga que hemos comprado!
00.22	Efecto lluvia	
00.23		**Locutora 1:** Si no quieres mojarte bajo la lluvia, no confíes en un paraguas cualquiera. Paraguas Killy. Paraguas de calidad para ser feliz incluso bajo la lluvia.
00.33	Música: Alguien silba la melodía de *Cantando bajo la lluvia*.	
00.39	Desaparece el efecto de lluvia poco a poco. Final	

11. Comenta con tu compañero qué crees que pasa en las situaciones en las que alguien formula las siguientes preguntas. Puede haber varias soluciones.

1. ¿Quién será?

2. ¿Dónde habré puesto las llaves?

3. ¿Qué le habrá pasado?

4. ¿Qué le habrá dicho el médico?

5. ¿Qué estarán haciendo ahora?

6. ¿Dónde se habrá metido?

7. ¿Dónde lo habré dejado?

8. ¿Nos habremos equivocado de día?

✳ • Alguien que está en casa y son las doce de la noche y...

12. A. ¿Qué dirías en las siguientes situaciones?

1. Has ido a recoger a alguien al aeropuerto. El vuelo ha llegado hace más de una hora, pero la persona que esperas no está.

....

2. Un cliente está en la recepción hablando con el jefe del Departamento de Ventas. Está muy enfadado.

....

3. Ayer, cuando saliste de la oficina, tu ordenador funcionaba perfectamente. Hoy llegas y no funciona.

....

4. Un compañero de trabajo que normalmente está de mal humor, hoy está muy contento y de buen humor.

....

5. Vas en tu coche y ves a un amigo que hacía muchos años que no veías. Tu amigo está paseando con una mujer y con tres niños.

....

6. Sales de casa y cuando quieres mirar la hora no llevas puesto tu reloj.

....

7. Estás en un restaurante y hace más de media hora que esperas un plato.

....

8. El supermercado donde normalmente compras hoy está cerrado y no es un día festivo.

....

B. Clasifica en este cuadro los verbos que has escrito en el apartado anterior para expresar hipótesis. ¿Qué tiempos verbales son?

Verbos que expresan hipótesis sobre algo que ya ha sucedido	Verbos que expresan hipótesis sobre algo que sucede en el presente

13. A. En parejas. Haced una lista con al menos cinco productos o servicios cuya publicidad creéis que debería prohibirse.

B. Explicad al resto del grupo cuáles son vuestras conclusiones.

 ● Nosotros opinamos que deberían prohibirse todos los anuncios con abrigos y prendas confeccionados con pieles de animales.

14. A. Fíjate en estos anuncios. ¿Qué mensaje quieren transmitir? ¿A quién van dirigidos? Coméntalo con un compañero.

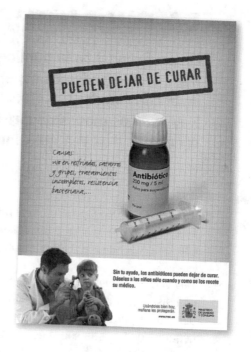

 ● El primero es un anuncio en contra de...
● Sí, y va dirigido a...

B. ¿A qué tipo de campaña pertenecen estos anuncios? ¿Crees que este tipo de campañas son efectivas? Comentadlo en parejas.

 ● Yo sí que creo que estas campañas son efectivas porque...

15. A. Lee el siguiente reportaje y asocia los seis puntos de la lista que tienes a continuación con el párrafo del texto que las definen.

Objetivos de la publicidad	N.º párrafo
Crear confianza en la marca	
Consolidar hábitos	
Diferenciar la marca	
Cambiar las actitudes del consumidor	
Cambiar creencias	
Comunicar ventajas	

LA PUBLICIDAD

Un profesional de la publicidad siempre se pregunta: ¿Qué efecto podemos esperar que tenga la publicidad en el consumidor?
Hay muchos modos de dirigir la comunicación hacia el consumidor. Veámos algunos ejemplos

(1) En algunos casos el objetivo de la publicidad consiste en confirmar costumbres ya existentes del posible consumidor. Una marca de cava muestra en todas sus campañas publicitarias fiestas y celebraciones para, de esa forma, inducir al público a asociar, de manera automática, su bebida con la conmemoración de un acontecimiento feliz.

(2) Hay veces en que el publicitario trata de cambiar o matizar creencias. Así, una distribuidora de azúcar, basó su campaña en difundir una idea positiva del azúcar para promover su consumo. Consiguió transformar la visión negativa que existía sobre este alimento como producto que engorda y que produce caries dentales en una positiva: el azúcar es un alimento que da energía.

(3) Puede también suceder que el fabricante busque la confianza del consumidor en la marca. Este es el caso de productos como el coche, los productos informáticos o los electrodomésticos. La publicidad intenta demostrar la fiabilidad, la seguridad y la calidad del producto.

(4) Existen campañas que pretenden diferenciar un producto prometiendo unas propiedades que, en realidad, poseen todas las demás marcas de productos similares. Es el caso de un agua mineral que consiguió un gran éxito de ventas promocionando su producto como "sano".

(5) En este mismo sentido se orienta la campaña de un detergente que garantiza que los colores de la ropa después del lavado se mantienen intactos. Aquí el objetivo de la campaña consiste en comunicar la ventaja principal del producto que lo diferencia del resto.

(6) Por último, existen campañas, normalmente institucionales, que tienen el objetivo de proteger la salud y la vida. Si están bien hechas, pueden repercutir en el comportamiento del público. Una campaña de fuerte impacto fue la que se lanzó con el fin de intentar reducir los accidentes de coche mortales que se producen los fines de semana entre los jóvenes. La imagen del anuncio era la de un vaso, una botella que servía alcohol y un surtidor de gasolina que mezclaba el combustible en el mismo vaso. Esa combinación se transformaba en un jarrón donde se colocaban unas flores: el jarrón estaba en un cementerio.

B. ¿Puedes inventar un eslógan que ejemplifique cada uno de los objetivos? Crea el eslógan para los productos que aparecen en el texto.

un cava
azúcar
electrodomésticos
agua mineral
detergente
No mezclar alcohol y conducción

1. ....

2. ....

3. ....

4. ....

5. ....

6. ....

1. Elige la opción más adecuada.

1. Es fundamental que los contenidos _____ muy claros.

   a. están   c. estén
   b. estar   d. estarán

2. Una página web tiene que estar bien estructurada _____ el internauta _____ navegar con facilidad.

   a. para/puede   c. para/pueda
   b. para que/pueda   d. para que/puede

3. Nuestro objetivo es que los clientes _____ a través de nuestra página y que, además, _____.

   a. compran/vuelven   c. compran/vuelvan
   b. compren/vuelven   d. compren/vuelvan

4. ● ¿Cómo se dice "@" en español?

   ● _____

   a. Roba.   c. Arroba.
   b. Adobe.   d. Borra.

5. EDINOR solo _____ seis meses _____ en la red y ya ha obtenido beneficios significativos.

   a. lleva/operando   c. llevó/operando
   b. está llevando/que opera   d. lleva/que operó

6. Se han creado muchos puestos de trabajo _____ apareció el comercio electrónico.

   a. desde   c. desde hace
   b. desde que   d. desde el momento

7. ● ¿Y tú, por qué no quieres _____ a internet?

   ● Pues porque no quiero que la red _____ todo mi tiempo libre.

   a. que te conectes/ocupe   c. conectarte/ocupe
   b. conectarse/ocupará   d. conectarte/ocupará

8. Le sugerimos _____ nuestra sección de novedades en DVD.

   a. que visites   c. que visite
   b. visita   d. visitas

9. Tener éxito en la nueva economía es _____ fácil _____ se cree.

   a. menos/de lo que   c. tan/de lo que
   b. más/que   d. menos/que

10. Este icono tiene que estar _____ superior izquierdo.

   a. en la parte   c. en el margen
   b. en el centro   d. en la esquina

11. A la _____ de sus noticias, reciba un cordial saludo.

   a. esperando   c. espera
   b. espero   d. esperamos

12. ● ¿Te gusta el nuevo _____ de las cartas de DANAIR?

   ● No, no me gusta nada el diseño.

   a. saludo   c. asunto
   b. membrete   d. destinatario

13. Le _____ que nos envíen sus condiciones de venta.

   a. esperamos   c. agradecemos
   b. complacemos   d. rogamos

14. Tenga _____ que somos una empresa pequeña...

   a. en caso   c. en cuanto
   b. en cuenta   d. en condiciones

15. ● ¿Pero, dónde está Sara?

   ● No sé, _____ un momento.

   a. habrá salido   c. saldrá
   b. ha salido   d. sale

16. Es _____ que este anuncio _____ a los jóvenes, pero a los adultos no.

   a. posible/gusta   c. probable/les guste
   b. probable/les gusta   d. posible/les gusta

17. Yo _____ de que esta campaña va a tener mucho éxito.

   a. me da la impresión   c. estoy segura
   b. opino   d. considero

18. No _____ que las vallas _____ el soporte adecuado.

   a. pienso/son   c. opino/son
   b. creo/sean   d. me parece/sea

19. _____, con esta campaña, _____ atraer a un público más amplio.

   a. Puede que/podemos   c. Es posible que/podemos
   b. Seguro que/podamos   d. A lo mejor/podemos

20. ● La publicidad engaña a los consumidores.

   ● No, _____.

   a. yo no lo veo así   c. estoy de acuerdo
   b. desde luego   d. por supuesto

Resultado: de 20

2. Completa el texto con las palabras adecuadas.

El teléfono conectado a la red

A lo largo de los últimos años ha habido una tendencia constante a ampliar los servicios que los teléfonos móviles ofrecen a sus usuarios. Hace unos años, por ejemplo, llegó al mercado una compañía dispuesta a convertir el teléfono en un nuevo (1) ____. El invento consistía en que, al hacer una llamada, se tecleaba un prefijo y, antes de establecer contacto con el número deseado, se escuchaba (2) ____. A cambio, el usuario recibía una rebaja en su (3)____ de teléfono. Sin embargo, aquello no prosperó. Cuando ya estaba casi olvidado aquel intento, apareció el WAP (Wireless Application Protocol, es decir, Protocolo de Aplicaciones Inalámbricas), un dispositivo que permitía el acceso a contenidos y servicios de Internet desde teléfonos móviles. Sus defensores citaban el caso de un equipo de hockey que hizo su campaña publicitaria a través del teléfono. Consistía en un (4) ____, algo parecido a (5) ____ de radio, que animaba a llamar para comprar o reservar entradas para los partidos. Según los responsables, el resultado de la campaña fue espectacular ya que el 15% de los usuarios llamaron para adquirir las entradas. Si aplicamos el principio de que una respuesta del 5% supone un buen resultado, la campaña fue más que un éxito.

En su día se depositaron muchas esperanzas en el WAP. Primero, porque el WAP y los servicios de (6) ____ que ofrecían hacían de este instrumento una fuente excelente de conocimiento del (7) ____ y eso le convertía en un medio mucho más sofisticado que el teléfono. Segundo, porque permitía (8) ____ con más precisión la publicidad. Por ejemplo, con este sistema, en lugar de sufrir una campaña de (9) ____ en su domicilio, muchas veces inútil, un consumidor pasaría por delante de un supermercado y recibiría una llamada en su teléfono para informarle de las ofertas que en ese momento podría encontrar en el establecimiento.

No obstante, el uso publicitario del teléfono móvil por medio del WAP no llegó a entusiasmar a (10) ____ y las agencias publicitarias y las compañías de telefonía móvil siguieron buscando otras posibilidades...

1.	a. impacto	b. público	c. folleto	d. medio publicitario
2.	a. una valla	b. un anuncio	c. un servicio	d. un patrocinador
3.	a. factura	b. pedido	c. albarán	d. nómina
4.	a. producto	b. mensaje	c. objetivo	d. proyecto
5.	a. una estrategia	b. una cuña	c. un cartel	d. un soporte
6.	a. radio	b. televisión	c. internet	d. prensa
7.	a. consumidor	b. telespectador	c. creativo	d. anunciante
8.	a. obtener	b. alcanzar	c. escuchar	d. dirigir
9.	a. intriga	b. buzoneo	c. impacto social	d. solución a un problema
10.	a. los publicitarios	b. los patrocinadores	c. los usuarios	d. la audiencia

Resultado: de 10

CD 51

3. Escucha la conversación y completa el cuadro.

Problema	
Motivo de la reunión	
Propuesta de Silvia	
Propuesta de Ricardo	
Acuerdo al que han llegado	

Resultado: de 10

Portfolio

4. Escribe una carta a la Escuela Manro (Avenida de Portugal, 231, 28012 Madrid) y pide información sobre los cursos de verano de español. Quieres estudiar en esta escuela durante un mes y te interesaría mucho saber si te pueden ofrecer alojamiento, cuáles son los horarios, los precios, etc.

Resultado: de 10

TOTAL: de 50

10

Seguros

1 Vocabulario: términos relacionados con los seguros
2 Vocabulario: pólizas de seguros
3 Vocabulario: coberturas de seguros
4 Fórmulas frecuentes en conversaciones telefónicas
5 Saludar, despedirse, identificar e indicar espera en conversaciones telefónicas
6 Frases útiles para hablar por teléfono
7 Mensajes
8 Artículo sobre seguros contra catástrofes
9 Tomar nota de mensajes
10 **Pedir que** + Presente de Subjuntivo
11 **Me dijo/dijeron/aseguró/aseguraron que** + Condicional/Imperfecto de Indicativo
12 Intenciones comunicativas: recordar, sugerir, explicar, asegurar, etc.
13 Reconstruir un correo electrónico a partir de un diálogo. **Me cuenta/dice que...**
14 Vocabulario relacionado con los seguros
15 **Cuanto/a/os/as más/menos** + sustantivo/adjetivo, **más/menos/mayor/menor...**
16 **Nada**, algo, alguno, ninguno, cualquiera...

1. Aquí tienes las explicaciones de algunos conceptos que aparecen en el texto que trata de los tipos de seguros de la página 109 del *Libro del alumno*. ¿Qué concepto explican en cada caso?

1. Es cuando el médico va a casa del enfermo para visitarlo: ....

2. En caso de .... o invalidez absoluta, es decir, si alguien muere o no puede trabajar nunca más por razones de enfermedad.

3. ...., o lo que es lo mismo, con un seguro de coche de este tipo, en caso de accidente, el seguro no cubre los daños del vehículo del asegurado; cubre los daños sufridos por el otro coche implicado en el accidente.

4. Hay compañías de seguros que ofrecen un servicio de .... Eso es lo mismo que decir que la compañía proporciona, si es necesario, la ayuda de un abogado.

5. La ...., o sea, el conjunto de daños o accidentes que cubre una compañía de seguros.

6. No importa si el asegurado es propietario de la casa o si es ...., es decir, si la casa es de su propiedad o es alquilada.

7. En caso de daños causados a terceras personas, este seguro garantiza su ...., en otras palabras, el seguro compensa económicamente a esas personas.

8. Con un seguro de coche .... la compañía se hace cargo de todo. Por ejemplo, en un accidente entre dos coches, la compañía paga la reparación del coche del asegurado y del otro coche, los gastos médicos necesarios, los abogados... todo.

2. Lee los fragmentos de estas cuatro pólizas y decide a qué tipo de seguro corresponde cada una.

▪ Seguro de estudios

▪ Seguro de asistencia sanitaria

▪ Seguro de hogar

▪ Seguro de viaje

1. Proporciona el reembolso de todos los gastos por tratamiento médico-sanitario, libremente elegidos, tanto en asistencia hospitalaria, extra hospitalaria, consulta, etc., como consecuencia de todas las enfermedades o accidentes que se produzcan durante la vigencia del asegurado en la póliza.

2. En caso de enfermedad y/o accidente que obligue al asegurado a hacer reposo y permanecer en casa o en el hospital más de 15 días, el seguro le ofrece ayuda pedagógica con la asistencia de un profesor a domicilio que le permitirá no perder el ritmo del curso.

3. Garantiza al asegurado, a su cónyuge, ascendientes y descendientes de primer grado, que convivan en el mismo domicilio, las coberturas que a continuación se describen, siempre que se encuentren de viaje y como consecuencia de accidente o de enfermedad.

4. Este seguro excluye los incendios originados por culpa del asegurado, así como los daños ocasionados por materiales destinados a ser utilizados como explosivos, o sustancias o aparatos que no sean de uso común en los hogares.

3. ¿Qué caso no cubre normalmente cada uno de estos seguros?

1. SEGURO DE HOGAR
- ☐ un robo en la vivienda habitual
- ☐ los daños producidos a un vecino por una inundación
- ☐ la pérdida de las llaves

2. SEGURO DE VIAJE
- ☐ la pérdida del equipaje
- ☐ la hospitalización en caso de accidente
- ☐ el desplazamiento desde el aeropuerto al hotel

3. SEGURO DE ASISTENCIA MÉDICA
- ☐ las estancias en clínicas de adelgazamiento
- ☐ la rehabilitación después de un accidente
- ☐ la atención médica a domicilio

4. SEGURO DE RESPONSABILIDAD CIVIL
- ☐ los daños materiales o físicos causados por un error profesional
- ☐ la pérdida de una cartera con documentación personal importante
- ☐ las heridas causadas a alguien por el perro del asegurado

5. SEGURO DE AUTOMÓVIL A TODO RIESGO
- ☐ las multas de tráfico
- ☐ los daños que sufre el coche de la persona que tiene contratado el seguro
- ☐ los daños físicos sufridos por un acompañante

4. A. Estas son algunas de las conversaciones telefónicas que ha mantenido la ayudante del gabinete de abogados Melero y Asociados. Completa los diálogos con las palabras que faltan.

---

quería   dígame   quiere que   está

- Buenas tardes, Melero y Asociados, (1) ....
- ¡Hola, Alba! ¿(2) .... mi hijo?
- No, ha salido. ¿ (3) .... le diga algo?
- No, nada, es que hoy es su cumpleaños. (4) .... felicitarlo y decile que lo llamaré esta noche. ¡Ah! Que no se olvide de llamar a su hermano, que está muy preocupado por lo del seguro del coche...

---

dile que   le paso   está   le digo

- Melero y Asociados, dígame.
- ¡Hola Alba! Soy Maite. ¿(1) .... Simón?
- No, ¿(2) .... algo?
- Sí, (3) .... me llame, por favor, enseguida, que me faltan los datos del incendio en los Almacenes Modernos. Necesito toda la documentación y no sé dónde está. Dile que me llame a este teléfono: 908 40 03 23, ¿lo has apuntado?
- De acuerdo. (4) .... el mensaje.

---

deseo hablar con   soy   dígale que   si desea dejarle

- Melero y Asociados, dígame.
- Buenas tardes, (1) .... Mónica Ferrero, la abogada de Almacenes Modernos. (2) .... el señor Melero.
- No está, (3) .... algún recado...
- Bien, llamaba para informarle sobre el resultado de la valoración de los daños del incendio en los almacenes y para que me aclarara algunos datos de las indemnizaciones. Bueno, mejor (4) .... no es urgente y que intentaré llamarle la próxima semana. Es que hoy salgo de viaje. Gracias.

---

llamaba para   lo siento   cuando pueda   dile

- Melero y Asociados, dígame.
- ¡Hola, Alba! Soy Fina. ¿Está Simón?
- No, (1) ....
- (2) .... felicitarlo y, por favor, (3) .... también que llamaba para invitarlos a él y a su mujer a cenar el sábado en mi casa. Que me diga algo (4) ...., por favor. Venga, gracias, Alba.
- De nada, hasta luego.

 B. Escucha y comprueba tus respuestas.

5. Aquí tienes algunas fórmulas frecuentes en conversaciones telefónicas. Léelas y escríbelas en la tarjeta correspondiente.

Buenos días, ¿en qué puedo ayudarle?

¿De parte de quién, por favor?

De acuerdo. En cuanto termine la reunión le paso el recado.

Buenas tardes. Le atiende Raquel Manzano.

¿Podría repetir su nombre, por favor?

En estos momentos todas nuestras líneas están ocupadas. Rogamos llamen dentro de unos minutos.

Dígame su número de póliza, si es tan amable.

Muchas gracias por su llamada.

Departamento de Publicidad, dígame.

Perdón, ¿quién lo llama?

Gracias. Llamaré más tarde.

Por favor, no se retire; le pasamos con un operador.

SALUDAR/PRESENTARSE

IDENTIFICAR

DESPEDIRSE

INDICAR ESPERA

6. Las frases de la izquierda pertenecen a un registro coloquial. ¿Puedes relacionarlas con las frases de la derecha, que tienen un registro más formal?

Registro coloquial
1. Perdona, por favor..., ¿puedes hablar más despacio?
2. No oigo nada... por favor, habla más alto.
3. Ay, perdona, que llaman a la puerta. Te llamo dentro de cinco minutos.
4. ¿Me das tu dirección, por favor?
5. Ahora no puede ponerse. Está hablando por teléfono.
6. ¿El martes? Imposible... ¿qué tal el jueves?

Registro formal
A. Perdone... me resulta imposible entenderla; ¿podría hablar un poquito más alto, por favor?
B. Disculpe, por favor, ¿podría hablar un poco más despacio?
C. ¿Sería tan amable de darme su dirección?
D. Lo siento, pero tengo que colgar... Le llamo, si no le importa, dentro de cinco minutos.
E. Lo siento, pero el martes no puedo, ¿podría usted venir otro día... el jueves, por ejemplo?
F. Perdone, pero en este momento está ocupado y no puede atenderle.

CD 56-61

7. Escucha los mensajes que hay en el contestador de Aurora Marquina y decide qué nota los resume.

Mensaje 1. A
Han llamado de la agencia de viajes para confirmar una reserva. Quieren que les llames.

Mensaje 1. B
Han llamado de la agencia de viajes. No pueden confirmarte la reserva. Quieren comentarte un par de cosas.

Mensaje 4. A
Ha llamado Rosa. Dice que la llames después.

Mensaje 4. B
Ha llamado Rosa para darte las gracias por tu regalo.

Mensaje 2. A
Ha llamado Víctor Mateo, de Fincas Asociados. Quiere que le llames para enseñarte un piso. Su número es el 602 903 907.

Mensaje 2. B
Ha llamado Víctor Mateo, de Fincas Asociados. Dice que le gustaría ver el piso. Su número de móvil es el 602 903 907.

Mensaje 5. A
Ha llamado Miguel para decirte que hay una reunión por la tarde.

Mensaje 5. B
Ha llamado Miguel para explicarte lo que ha pasado en la reunión.

Mensaje 3. A
Ha llamado Tomás: necesita que le envíes la documentación.

Mensaje 3. B
Ha llamado Tomás: quiere que le llames para firmar el contrato.

Mensaje 6. A
HA LLAMADO TU MARIDO PARA RECORDARTE QUE TIENES QUE RECOGER A LOS NIÑOS.

Mensaje 6. B
HA LLAMADO TU MARIDO PARA RECORDARTE QUE ÉL RECOGE HOY A LOS NIÑOS.

8. A. Vas a leer un reportaje sobre un seguro contra catástrofes. Antes, habla con tu compañero e intentad elaborar una lista de posibles catástrofes

✱ ▪ Yo diría que una catástrofe es, por ejemplo...

B. Lee ahora el texto y comprueba si las catástrofes que habéis escrito están recogidas en el seguro que explica el texto.

UN SEGURO CONTRA CATÁSTROFES

La cobertura de los riesgos extraordinarios que, normalmente, no cubren los seguros privados está resuelta en España gracias al Consorcio de Compensación de Seguros, entidad que forma parte del Ministerio de Economía. Este organismo se creó en 1941 con una intención muy clara: gestionar las indemnizaciones originadas por la Guerra Civil (1936 -1939). Más tarde, en 1954, sirvió también para atender otros desastres y adquirió carácter permanente.

El Consorcio tiene por objeto indemnizar los daños en las personas y en los bienes asegurados que se produzcan dentro del territorio español como consecuencia de fenómenos naturales de carácter extraordinario (lluvias torrenciales, desbordamientos de ríos, inundaciones, terremotos, sequías, desastres nucleares, etc.). Asimismo, contempla las indemnizaciones derivadas de actos de terrorismo, o de accidentes provocados por las Fuerzas Armadas y cuerpos de seguridad del Estado en tiempos de paz.

En caso de siniestro, los perjudicados deben comunicarlo, lo antes posible, a su aseguradora o al Consorcio. El asegurado hace una valoración aproximada de los daños y, posteriormente, y en la mayor brevedad posible, llega a la zona siniestrada un grupo de peritos para valorar los daños. Presentan un informe al Consorcio y este decide la cantidad que se pagará en concepto de indemnización.

Un ejemplo: las lluvias torrenciales que asolaron parte de España a principios de este milenio supusieron miles de reclamaciones de asegurados, relativas a automóviles, vivienda, comercio e industria. La cuantía total de las indemnizaciones alcanzó decenas de millones de euros.

C. Lee otra vez el texto y contesta las preguntas.

1. ¿Qué es el Consorcio de Compensación de Seguros? ....

2. ¿Cuándo se creó y con qué fin? ....

3. ¿En qué casos puede actuar el Consorcio? ....

....

4. Según el texto, ¿qué hay que hacer en caso de siniestro? ....

....

9. Un amigo te ha pedido que pases por su casa para recoger el correo y escuchar los mensajes del contestador automático. Toma nota para no olvidarlos y poder dárselos.

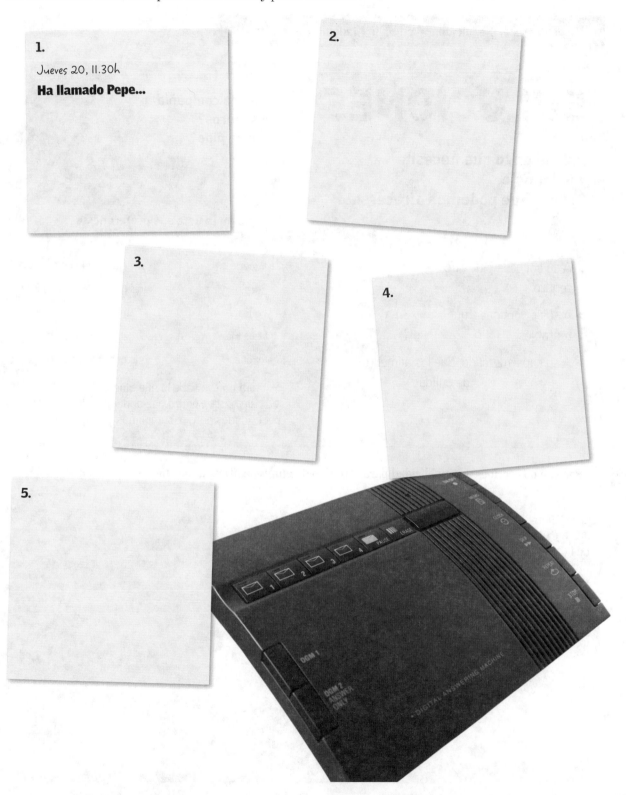

1.

Jueves 20, 11.30h

Ha llamado Pepe...

2.

3.

4.

5.

10. A. Lee esta publicidad de la empresa SOLUCIONES y complétala con la forma conjugada de los verbos que faltan. Algunos puedes usarlos más de una vez.

| ser | ofrecer | solucionar | cumplir | indemnizar | estar |

SOLUCIONES

**Piense en lo que necesita y pídanoslo.
Seguro que podemos ofrecérselo.**

> A su coche le pide que _____ seguro.

> A sus inversiones, que _____ rentables.

> A su supermercado, que los alimentos _____ de calidad.

¿Y a una compañía de seguros?
¿Qué le pide?

Marque en la lista sus preferencias

Yo, a una compañía de seguros le pido...

☐ que _____ abierta las 24 horas del día,

☐ que _____ mis problemas con rapidez,

☐ que me _____ un servicio personalizado,

☐ que me _____ el 100% de los daños,

☐ y que _____ lo que promete.

Y ahora que ya sabe lo que quiere, llámenos al **900 001 222**. Seguro que podemos responder a sus necesidades porque cumplimos lo que prometemos.

 B. ¿Por qué no escribes una publicidad para otro tipo de empresa utilizando el modelo anterior?

un restaurante
una agencia inmobiliaria
un hotel
una agencia de viajes
un banco

11. Lee los diálogos e intenta reproducir qué se dijo exactamente.

1. • En el banco me aseguraron que comprobarían que toda la documentación estaba en regla.
   En el banco: "_____".

2. • Resulta que ayer Luis me dijo que lo encontraría en la oficina a las diez, y llevo dos horas llamándole
   y nadie contesta.
   Luis: "_____".

3. • Me aseguró que el miércoles tendría el armario en mi casa y hoy estamos a sábado, y el armario
   todavía no está aquí.
   El empleado de la tienda: "_____".

4. • Hace quince días les envié una carta reclamándoles el pago de la última factura y uno de sus empleados me llamó por teléfono y me dijo que el dinero ya estaba en el banco, y resulta que no está.
   El empleado: "_____".

5. • El recepcionista del hotel me dijo ayer que hoy me cambiarían de habitación y todavía no me han
   dicho nada.
   El recepcionista del hotel: "_____".

12. A. Relaciona estas frases con su intención. Puede haber más de una posibilidad.

A. aconsejar	C. asegurar	E. pedir	G. proponer
B. invitar	D. aclarar	F. explicar	H. recordar

1. ¿Quieres un café?

2. Yo le compraría un CD.

3. Si no lo he entendido mal, ¿dice que van a devolverme todo el dinero?

4. Envíame cuando puedas los datos del mes pasado.

5. Resulta que mi vecino tiene un problema en el cuarto de baño y...

6. ¿Y si le compramos una planta para su cumpleaños?

7. No te olvides de firmar todos los contratos.

8. Insisto en que no se preocupe; se lo arreglaremos esta misma tarde.

B. Piensa en familiares, amigos, compañeros de trabajo o de clase. Elije tres de ellos y escríbeles una nota a cada uno. Puedes...

explicarles algo	invitarlos a hacer algo	avisarlos de algo
pedirles algo	(a cenar un día, a ir a un concierto, etc.)	informarlos de algo
proponerles algo		recordarles algo

13. Lee el diálogo entre esta pareja e intenta reconstruir el correo electrónico sobre el que hablan.

> ● Pues ayer recibí un e-mail de Ángela... Hacía meses que no sabía nada de ella...
> ● ¿Y qué cuenta?
> ● Pues nada, que anda muy liada con el trabajo en las dos empresas, que tiene muchas ganas de venir a Barcelona a pasar unos días... Por cierto, ¿sabes si hay algún hotel cerca de casa que no sea muy caro? Porque me dice que va a venir en Semana Santa...
> ● ¿Y por qué no se queda en casa con nosotros?
> ● Pues porque resulta que quiere venir con tres amigos... y en casa no tenemos sitio para todos.
> ● Ahora mismo, no sé, tendríamos que preguntar los precios pero, por aquí los hoteles serán caros... ¿Y qué más te dice?
> ● Me cuenta que está cansada, y que le gustaría dejar el Departamento de Planificación y dedicarse solo a la dirección financiera... Ah, y que ha conocido a un chico que dice que es fantástico... Me dice que va a ir a casa de los padres de él a pasar las Navidades...
> ● O sea, que parece que la cosa va en serio...
> ● Sí, eso parece... Y está muy contenta.

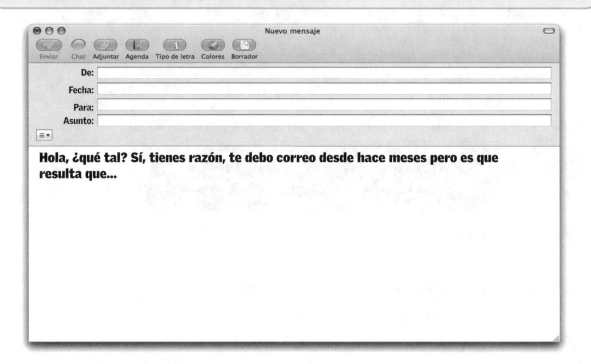

14. En estas definiciones de términos relacionados con los seguros hay algunas que no son correctas. ¿Cuáles? ¿Puedes corregirlas en una hoja aparte?

1. Un siniestro es un daño (accidente, robo, avería, etc.) de mayor o menor gravedad que puede sufrir un asegurado.

2. La indemnización es el dinero que la compañía de seguros paga al asegurado cuando se produce un siniestro.

3. El asegurado es la persona que está protegida por la compañía de seguros.

4. El perito es la entidad encargada del pago de los daños ocasionados por un siniestro.

5. El asegurador es el experto de la compañía de seguros que evalúa los daños materiales sufridos por un asegurado.

6. El beneficiario de un seguro es la persona que cobra la indemnización en caso de siniestro.

15. A. ¿Puedes cambiar estas frases para que tengan sentido?

1. Cuantos más riesgos tienes, menos pagas por un seguro.
2. Cuantos menos seguros tiene una persona, mejor.
3. Cuanta más cobertura ofrezca una póliza, menos siniestros cubrirá.
4. Cuanto más pague el asegurado, menor será la indemnización que recibirá en caso de siniestro.

B. ¿Cuántas frases como las del apartado anterior puedes escribir relacionando los siguientes conceptos con lo que paga alguien por un seguro de automóvil?

> **La experiencia del conductor**
> **La edad del asegurado**
> **La salud de una persona**
> **La antigüedad del coche**
> **El número de accidentes**

16. Completa los diálogos.

nada	algún/o/a/os/as	ningún/a	cualquier
algo	alguno/a/os/as de	ninguno/a/os/as de	cualquiera de

1.

● ¿Y no tienes un seguro para el piso?

● No, no tengo .... pero creo que voy a contratar uno muy pronto.

2.

● Si necesita más información puede dirigirse a .... de nuestras oficinas...

● Muchas gracias.

3.

● Y, si en caso de inundación, tengo que marcharme de casa para que me arreglen ...., ¿me pagan ustedes un hotel?

● Llegado el caso tendríamos que ver de qué se trata... Yo diría que .... seguro de hogar paga la estancia en un hotel a un asegurado. Al menos nuestra compañía no cubre esos casos.

4.

● He estado mirando las condiciones de los dos seguros, pero no sé por cuál decidirme...

● Yo creo que .... de los dos. Los dos pueden ser buenos.

5.

● ¿En las condiciones del seguro de la casa dice .... sobre daños causados por los inquilinos?

● No, sobre ese tema no dice ....

6.

● Sobre accidentes ocurridos a animales de compañía, la póliza no dice .... y en .... caso, no te pagan dinero porque no está recogido en las condiciones generales.

● Pues eso no es lo que me dijeron.

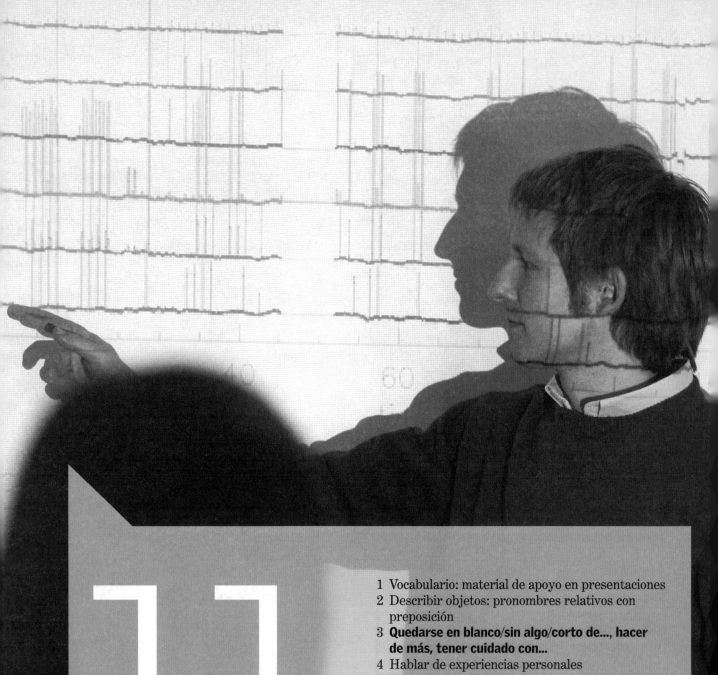

11

Presentaciones y conferencias

1 Vocabulario: material de apoyo en presentaciones
2 Describir objetos: pronombres relativos con preposición
3 **Quedarse en blanco/sin algo/corto de..., hacer de más, tener cuidado con...**
4 Hablar de experiencias personales
5 Fases de una presentación: preparación, práctica y presentación
6 Recursos en una conferencia o presentación
7 Recursos para hablar en público
8 En una presentación
9 Valorar una presentación
10 **No conozco a nadie que...**
11 Uso del Indicativo o del Subjuntivo en frases relativas
12 Indicativo o Subjuntivo en frases relativas
13 Frases relativas con Subjuntivo: **busco un/a que..., necesito un/a que...**
14 **Qué/cuál**
15 Buscar un socio para una empresa

1. Estos son los materiales de apoyo más frecuentes en las presentaciones. Lee algunas de sus características y ventajas. ¿De qué materiales se habla en cada tarjeta? Escribe sus nombres.

fotocopias

ordenador

cañón de proyección

reproductor de DVD

pantalla interactiva

transparencias

1. Se utiliza para anotar ideas, palabras o resúmenes. Es muy fácil de usar, pero es un medio un poco caro.

....

2. Permite proyectar en una pantalla el material visual que está preparado de antemano. Se pueden proyectar imágenes, textos, gráficos, películas...

....

3. Se puede escribir sobre ellas, se pueden superponer unas encima de otras, permiten ocultar parte del texto, etc.

....

4. Es un material de apoyo. Muchos asistentes esperan recibirlas y lo más aconsejable es repartirlas antes de comenzar.

....

5. Es un medio de gran impacto porque las imágenes y el sonido dan más dinamismo a la presentación y captan rápidamente la atención y el interés de los asistentes.

....

6. Sus diversos programas permiten elaborar textos, gráficos e imágenes que posteriormente pueden ser proyectados.

....

2. A. Podemos describir objetos utilizando estructuras muy diferentes. Fíjate en estas dos frases:

> Una fotocopiadora es una máquina que sirve para hacer fotocopias.
>
> Una fotocopiadora es una máquina **con la** que se hacen fotocopias.

Completa ahora el cuadro escribiendo las frases que faltan.

1.	Un retroproyector es una máquina **con la** que se proyectan transparencias.
2. Un altavoz es un aparato que sirve para ampliar el volumen.	
3.	Una agenda es un objeto **en el** que se anotan citas y reuniones
4. Una calculadora es un aparato que sirve para realizar operaciones matemáticas.	
5.	Una tiza es un objeto **con el** que se escribe sobre una pizarra.
6. Un micrófono es un objeto que sirve para aumentar el volumen de la voz de una persona cuando habla en público.	

B. Elige ahora cuatro de estos objetos y descríbelos utilizando el pronombre **que** con la preposición adecuada.

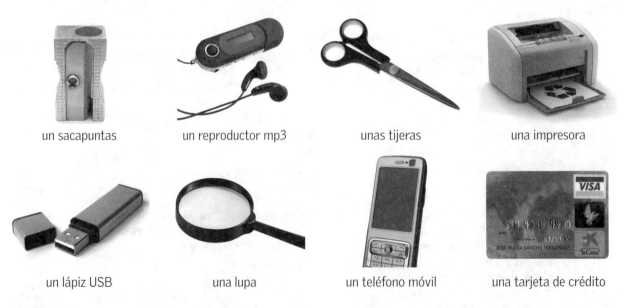

un sacapuntas   un reproductor mp3   unas tijeras   una impresora

un lápiz USB   una lupa   un teléfono móvil   una tarjeta de crédito

✳ • Un sacapuntas es un objeto con el que...

3. A. ¿Qué preposición necesitan estos verbos? Puedes consultar la página 123 del *Libro del alumno*.

1. Tener cuidado .... algo.

2. Quedarse corto .... tiempo.

3. Hacer (fotocopias) .... más.

4. Quedarse .... algo (fotocopias, trabajo, etc.).

5. Quedarse .... blanco.

6. Estar .... pie.

7. Acordarse .... algo.

8. Apoyarse .... algo.

B. Ahora, decide qué expresión se ajusta más a cada situación.

1. Me da la impresión de que no tienes demasiado material y la presentación dura, más o menos, una hora... Puedes ....

     ☐ a. acordarte del material
     ☐ b. quedarte corto de material
     ☐ c. tener cuidado con el material

2. A veces, es mejor estar sentado que .... Te pones menos nervioso.

     ☐ a. apoyarse en algo
     ☐ b. estar de pie
     ☐ c. quedarse corto

3. No sé... Manuela normalmente se pone muy nerviosa y en un examen oral, de repente, se olvida de algo y puede ....

     ☐ a. tener cuidado
     ☐ b. quedarse en blanco
     ☐ c. quedarse corta

4. Creo que los enchufes de la sala grande no funcionan muy bien, así que cuando enchufes el retroproyector .... con los cables.

     ☐ a. haz de más
     ☐ b. ten cuidado
     ☐ c. quédate corto

5. El conferenciante empezó a hablar, no se acordó de hacer una pausa y la gente ....

     ☐ a. se quedó corta
     ☐ b. se quedó en blanco
     ☐ c. se quedó sin café

6. ● ¿Por qué no has repartido las fotocopias ?
    ● Porque me he puesto muy nerviosa y no .... entregarlas.

     ☐ a. me he quedado sin
     ☐ b. me he acordado de
     ☐ c. he tenido cuidado con

4. ¿Te han pasado alguna vez estas cosas? Coméntalo con tu compañero.

• quedarte en blanco (en una entrevista, en un examen, en una presentación en clase...)
• quedarte corto/a (de tiempo, de dinero...)
• ponerte nervioso/a
• quedarte sin algo (sin vacaciones, sin trabajo, sin regalos de cumpleaños, etc.)
• hacer algo de más (fotocopias, comida, invitaciones...)

● ¿Te has quedado alguna vez en blanco?
● Pues... ahora mismo, no me acuerdo... ¿Y tú?
● Yo sí, una vez. Resulta que...

5. Un programa informático con asistente para preparar presentaciones ofrece a los usuarios algunas instrucciones secuenciadas en tres fases. Lee ahora las instrucciones, decide a qué fase corresponden y coméntalo con tu compañero.

Fases:
A. Preparación
B. Práctica
C. Presentación

1. Desarrolle la presentación ante otra persona o ensaye delante de una cámara de vídeo.

2. Piense en una introducción que capte la atención de la audiencia, para ello, puede plantear alguna pregunta relacionada con las necesidades del público.

3. Valore su mensaje, imagínese teniendo éxito y automotívese.

4. Defina el propósito de la charla en función de los resultados que espera de la audiencia (informar, convencer, vender, enseñar, formar o motivar para la acción).

5. Implique a la audiencia.

6. Organice todo el material de apoyo necesario para respaldar los puntos más importantes.

7. Hable de "nosotros" y no de "yo"; sea sincero y sea usted mismo.

8. Calcule el tiempo que va a necesitar y en qué momento, si es necesario, hará una pausa.

9. Procure mantener la atención de la audiencia: suele dar muy buenos resultados. Hable con claridad, mantenga un tono animado, muestre entusiasmo y cuente alguna anécdota.

10. Céntrese en lo fundamental.

11. Intente estar relajado y establecer contacto visual con el público.

12. Piense bien en cómo va a terminar. Un resumen convincente puede ser una magnífica solución.

6. Aquí tienes los fragmentos que has escuchado en la actividad de la página 124 del *Libro del alumno*. Complétalos con los siguientes elementos.

En resumen, y para terminar,

si quieren alguna aclaración más detallada

a quien tengo el gusto de presentarles

Y como pueden ustedes ver

Antes de empezar, quisiera dar las gracias

no sé si entiendo muy bien

no puedo contestarle en este momento

1. Buenos días a todos.

.... al profesor Ferrer, del Departamento de Semántica, por todo su apoyo. Sus sugerencias y sus comentarios han sido claves para...

2. Para evitar cansarles con una lluvia de datos, he preparado unas fotocopias que encontrarán en las carpetas que tienen encima de las mesas. Comentaré brevemente los datos y

.... , estaré encantada de dársela al final. Como todos ustedes saben...

3. Buenos días y bienvenidos a esta ponencia sobre la transformación y la diversificación de la oferta turística en nuestro país. Hoy tenemos con nosotros a Amaya Velasco, Consejera de Turismo de la Comunidad Autónoma de Cantabria,

.... La señora Velasco...

4. ● A ver, ...

lo que usted me quiere preguntar. Usted quiere saber exactamente qué ofrecemos nosotros que no ofrezcan otros..

● Sí, eso mismo.

● Es muy sencillo. Nosotros...

5. Creo que ....

Tendría que consultar los datos y no los tengo aquí ahora mismo. Lo siento.

6. .... , *CiberNet*,

la revista que hoy presentamos, quiere hacer llegar a todo el mundo las últimas noticias que produce el universo de las nuevas tecnologías, para que, en definitiva, todos podamos vivir mejor. Muchas gracias.

7. .... en estos

gráficos... Perdón, no pueden ver nada porque el retroproyector no está encendido... Un momento... ¿Ya?...

7. Forma frases uniendo elementos de los dos grupos.

1. Me imagino que todos ustedes...

2. No quiero terminar sin dar...

3. No sé si he entendido bien...

4. En el dosier de fotocopias que les hemos repartido...

5. Fíjense ustedes...

6. Antes de empezar quisiera...

7. Y ahora, me gustaría hacerles...

8. Lo siento, pero me temo...

9. Y por mi parte,...

10. Supongo que usted quiere...

a. que no tengo los datos exactos en este momento.

b. han oído hablar del tema que hoy nos ocupa.

c. tienen ustedes el programa del curso.

d. a todos ustedes una pregunta.

e. saber exactamente cuál es nuestra posición...

f. las gracias a la Fundación Empresa por su colaboración en nuestro proyecto.

g. en estos gráficos. En ellos puede verse claramente...

h. pedirles disculpas por los problemas técnicos que ha habido...

i. lo que ha comentado sobre las fusiones empresariales.

j. esto ha sido todo. Muchas gracias.

1. .... 2. .... 3. .... 4. .... 5. ....

6. .... 7. .... 8. .... 9. .... 10. ....

8. Imagina que estás ofreciendo una presentación y te encuentras en las siguientes situaciones: ¿qué dirías? Coméntalo con tu compañero.

No tienes fotocopias para todos los asistentes.

No sabes si todo el mundo te oye bien.

Se termina el tiempo y no has podido explicar todo lo que tú querías.

No entiendes bien una pregunta del público.

✳ ● En el primer caso, si no tengo fotocopias para todos los asistentes, creo que diría: "Lo siento, pero..."

9. ¿Has estado en alguna presentación, en alguna conferencia o en alguna clase que recuerdes por algo en especial? ¿Cómo fue? Coméntalo con tu compañero. Puedes elegir un elemento de cada grupo.

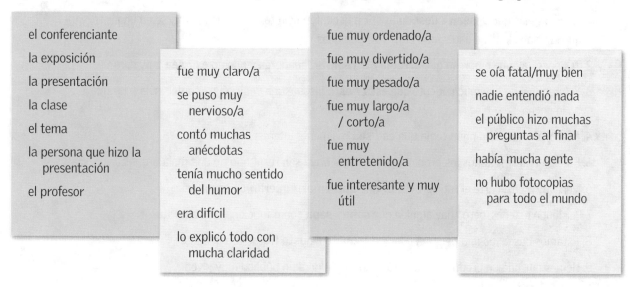

el conferenciante

la exposición

la presentación

la clase

el tema

la persona que hizo la presentación

el profesor

fue muy claro/a

se puso muy nervioso/a

contó muchas anécdotas

tenía mucho sentido del humor

era difícil

lo explicó todo con mucha claridad

fue muy ordenado/a

fue muy divertido/a

fue muy pesado/a

fue muy largo/a / corto/a

fue muy entretenido/a

fue interesante y muy útil

se oía fatal/muy bien

nadie entendió nada

el público hizo muchas preguntas al final

había mucha gente

no hubo fotocopias para todo el mundo

* ● Hace dos semanas estuve en una conferencia sobre... La conferenciante fue... había mucha gente...

CD 67

10. A. Vas a escuchar una serie de preguntas. Escucha y responde.

	Sí	No
1. hablar chino		
2. vivir en un hotel		
3. trabajar los fines de semana		
4. tener más de cinco hermanos		
5. hacer deporte todos los días		
6. cantar bien		
7. saber bailar el tango		
8. estudiar medicina		

> Para describir en el pasado, usamos el Pretérito Imperfecto.

Para valorar algo del pasado, usamos el Pretérito Indefinido.

> Cuando hablamos de cosas o personas concretas, que existen y que sabemos cómo son, utilizamos el verbo en Indicativo.

Cuando hablamos de cosas o personas no concretas, que no existen o que no sabemos si existen, o que son hipotéticas, utilizamos el verbo de las frases relativas en Subjuntivo.

B. Ahora comenta con tu compañero tus respuestas.

* ● Yo no conozco a nadie que hable chino.
● Pues yo tengo un amigo que habla chino. Vivió en Pekín tres años y...

11. Elige el verbo correcto para estas frases.

1. Las personas que **desean / deseen** asistir a la conferencia tendrán que apuntarse en una lista, ya que la sala solo tiene capacidad para 100 personas.

2. ¿Conoces alguna empresa que **arregla / arregle** ordenadores y que no **es / sea** muy cara?

3. Yo creo que no hay mucha gente que **está / esté** dispuesta a venir a una conferencia a las nueve de la noche.

4. No he encontrado ningún tema que **es / sea** realmente interesante.

5. En esta empresa todos los problemas que **hay / haya** son resultado de una mala organización.

6. Ven, voy a enseñarte el retroproyector que **queremos / queramos** comprar.

7. Perdonen ustedes, pero ¿hay alguien que **sabe / sepa** cómo funciona este aparato?

8. Estamos buscando una persona a la que le **gusta / guste** tratar con la gente.

9. Hemos lanzado un producto que **está / esté** dirigido a un público muy joven.

10. ¿Sabes ya en qué hotel **vamos / vayamos** a alojarnos durante el congreso?

12. Completa las frases con la forma correcta del Indicativo o del Subjuntivo.

1. No hay ninguna base de datos que (**poder**) .... ofrecer tanta información.

2. He fotocopiado todas las páginas que tú (**necesitar**) ....

3. Hay muchas salas de conferencias que (**tener**) .... capacidad para más de 100 personas.

4. No hemos visto ningún gráfico que (**ser**) .... representativo de la situación de la empresa.

5. ¿Sabes si hay alguna fotocopiadora que (**hacer**) .... transparencias a color?

6. No he encontrado a nadie que (**saber**) .... cocinar bien.

7. Conseguirá el puesto de trabajo el que mejor (**hacer**) .... la entrevista.

8. A nadie le (**gustar**) .... trabajar los sábados.

9. Ya hemos visto los modelos que (**querer**) .... comprar para nuestra tienda.

10. ¿Conoces a alguien que (**hablar**) .... japonés?

CD 68-71

13. A. Vas a escuchar cuatro conversaciones. Marca el diálogo en que se dicen las frases siguientes.

Frases	Diálogo 1	Diálogo 2	Diálogo 3	Diálogo 4
A. Quiero encontrar un tema interesante que esté relacionado con el mundo de la empresa.				
B. Busco a alguien que sea ordenado y que no tenga animales de compañía.				
C. Necesitamos una sala que tenga capacidad para 200 personas.				
D. Tenemos que encontrar a alguien que pueda empezar esta semana.				

B. Y tú, ¿necesitas o estás buscando algo o a alguien que tenga unas características determinadas? Descríbelo en un papel sin poner tu nombre y, a continuación, entrega el papel a tu profesor.

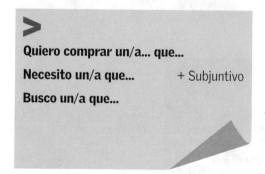

> **Estoy buscando un piso que no sea muy caro y que esté cerca de mi trabajo para no perder mucho tiempo en transporte...**

> **Quiero comprar un/a... que...**

> **Necesito un/a que...**   + Subjuntivo

> **Busco un/a que...**

C. Escucha lo que lee el profesor. ¿A quién crees que corresponden las frases?

14. ¿Qué pregunta corresponde a las siguientes respuestas?

1. ¿Qué te han dicho?
2. ¿Cuál ha sido más interesante?
3. ¿Cuál de las dos corbatas vas a comprar?
4. ¿Qué prefieres: un hotel en el centro o en una zona más tranquila?
5. ¿Cuál vas a proyectar?
6. ¿Y cuál de los dos gráficos te parece más claro?
7. ¿Qué decimos al principio?
8. ¿Qué quieres?

- [ ] Un café, por favor.

- [ ] La azul, me gusta más.

- [ ] Nada, damos las gracias a todos por venir y empezamos...

- [ ] No sé, las que mejor se vean. Las más bonitas.

- [ ] Que hagamos más fotocopias porque hay más de setenta personas apuntadas.

- [ ] El de las barras; el otro es muy confuso.

- [ ] Me da igual. Lo más importante es que esté bien comunicado.

- [ ] La de esta mañana; ha estado muy bien.

15. En parejas:

Alumno A

A. Aquí tienes cuatro empresas. Imagina que tienes dinero para invertir. ¿Cuál eliges? Prepara las preguntas que plantearías para saber si la inversión merece la pena o no.

B. Busca a un compañero que sea representante de la empresa que has elegido y pregúntale lo que quieres saber.

Alumno B

A. ¿En cuál de estas empresas te gustaría trabajar? Elige una y a partir de la ficha prepara un pequeño texto que explique más cosas de la empresa para convencer a un posible socio.

B. Busca a un compañero que esté interesado en tu empresa y convéncelo para que invierta en ella.

Sector: ocio

Nombre: DIVERTODO

Actividad

Es una empresa que tiene como lema "imposible aburrirse". Ofrecen un espacio donde los padres pueden dedicarse a una serie de distracciones, como aprender a bailar salsa o ponerse en forma en una clase de aeróbic. En una zona diferente, pero dentro de las mismas instalaciones, los hijos pueden realizan actividades lúdicas y educativas.

Sector: ocio

Nombre: TUFIESTA

Actividad

Empresa dedicada a la organización de cualquier tipo de fiesta: desde una fiesta de cumpleaños infantil hasta una boda, pasando por despedidas de soltero, cenas de Navidad de empresas, etc. Cuentan con locales especiales, pero también ofrecen sus servicios "a domicilio".

Sector: servicios

Nombre: SOLO ROSAS

Actividad

Franquicia dedicada al cultivo y a la distribución de rosas de todos los tipos y colores. El transporte dentro de la misma ciudad es gratuito. Ofrecen un bono descuento a partir de cinco pedidos en dos meses. Cuentan con tiendas repartidas por todo el país.

Sector: servicios

Nombre: PLANCHA EN CASA

Actividad

Empresa familiar con larga tradición. Además de sus habituales servicios de lavado en seco, ofrecen un servicio de lavado y planchado con recogida y entrega a domicilio. La entrega y la recogida son gratuitas a partir de los 10 kilos de ropa.

12
Felicitaciones y despedidas

1 Tres tarjetas
2 Una tarjeta de despedida
3 Expresar sentimientos: Pretérito Perfecto de Subjuntivo
4 Expresar deseos: **ojalá/a ver si/que** + Presente de Subjuntivo
5 Pretérito Perfecto de Subjuntivo/Infinitivo Pasado
6 Hablar de gustos y sentimientos
7 Una nota de disculpa
8 Vocabulario de acontecimientos
9 Un correo electrónico
10 Un discurso de despedida
11 Ordenar dos discursos
12 Pretérito Imperfecto de Subjuntivo
13 Test de personalidad
14 Elaborar un cuestionario para contratar a una persona
15 **Me gustaría que** + Imperfecto de Subjuntivo, **me gustaría** + Infinitivo
16 **Acordarse/recordar**
17 **Dar**, **pedir**, **agradecer**, **felicitar** y **celebrar**

1. ¿Quién puede haber escrito estas tarjetas? ¿A quién? ¿Con qué motivo?

	¿Quién?	**¿A quién?**	**Motivo**
Tarjeta 1			
Tarjeta 2			
Tarjeta 3			

1.

Hotel EL SOL ✱✱✱

Estimado cliente:

Esperamos que haya disfrutado de su estancia entre nosotros. Reciba este pequeño obsequio como recuerdo y si tiene alguna sugerencia que hacernos, estaremos encantados de recibirla.

Una vez más, gracias por haber elegido nuestro servicio.

Un cordial saludo.

2.

¡ Felicidades !

Que pases un feliz día,
que tengas muchos regalos
y que cumplas muchos,
pero que muchos más...
(y que lo podamos celebrar
siempre juntos...)

¡ MUCHAS FELICIDADES !

Besitos y besazos

3.

Querida Isabel:

Lamento mucho no poder estar ahora contigo. Quiero que sepas que siento mucho lo de tu padre. Ya sabes que puedes contar conmigo para cualquier cosa que necesites.

Recibe un fuerte abrazo,

Marta Sánchez

2. ¿Qué le regalarías a un compañero de trabajo o de clase que se va a otro lugar? Escribe una tarjeta de despedida para acompañar tu regalo.

3. A. Lee las frases y piensa en qué situaciones podrían decirse. Coméntalo con tu compañero.

1. Me alegro mucho de que todo haya ido bien.

2. ¡Qué pena que no hayas venido!

3. Esperamos que hayan disfrutado de su estancia.

4. ¿Cómo es posible que hayamos pagado tanto?

5. ¡Qué raro que no me haya dicho nada!

CD 72-76 **B.** Ahora escucha los diálogos y anota las situaciones en las que se dicen las frases anteriores. ¿Coincide con alguna de las que tú habías pensado?

1. ....

2. ....

3. ....

4. ....

5. ....

4. Relaciona las frases de las dos tarjetas para formar diálogos.

1. ¡He comprado un décimo de lotería!

2. Estoy agotado y tengo un sueño... Me voy a dormir. Hasta mañana.

3. Mañana operan a Estrella.

4. He suspendido otra vez... Estoy harta. Estaba tan nerviosa...

5. A ver si te gusta. No sabíamos qué comprarte...

6. ¡Qué pena que no nos dé tiempo de ir al cine...!

7. ¡Adiós! Te llamo cuando llegue.

a. ¡Ojalá salga todo bien!

b. ¡Cuánto lo siento! A ver si la próxima vez tienes más suerte.

c. Es que no teníais que haber comprado nada. No hacía falta...

d. Sí, a ver si mañana salgo antes y podemos ir.

e. ¡Que tengas buen viaje!

f. ¡Ojalá nos tocara! Nos vendría tan bien el dinero para terminar de pagar el piso.

g. ¡Que descanses!

1. ....   2. ....   3. ....   4. ....

5. ....   6. ....   7. ....

5. ¿Qué dirías en las siguientes situaciones?

1. **Hace mucho tiempo que tu coche está en el taller y todavía no lo han arreglado.**
   - ¿Cómo es posible que _____?

Infinitivo Pasado:

haber + Participio

Siento no haber escrito antes.

2. **Has llegado tarde a una reunión.**
   - Siento mucho _____.

Pretérito Perfecto de Subjuntivo:

Presente de Subjuntivo del verbo **haber** + Participio

¡Siento mucho que no hayáis llegado a tiempo!

3. **Un amigo tuyo ha conseguido solucionar un problema que tenía con el banco.**
   - Me alegro mucho de que _____.

4. **Has estado de viaje y no has podido ir a ver a un amigo tuyo que estaba en el hospital.**
   - Siento mucho no _____.

5. **Te encuentras por casualidad con unos amigos en el aeropuerto. Hacía mucho tiempo que no los veías.**
   - Me alegro mucho de _____.

6. **Un compañero tuyo ha hecho la presentación de un proyecto en el que tú has participado. Has llegado tarde y no has podido verla.**
   - Me da pena no _____.

7. **Un amigo tuyo no ha aprobado el examen final.**
   - Siento mucho que _____.

8. **Celebras una fiesta y unos amigos tuyos que no sabían si podrían ir a tu fiesta, al final van.**
   - ¡Qué alegría que _____!

6. A. Marca las frases que podrías decir de ti mismo.

☐ 1. Me molesta que me llamen por teléfono después de las 10h de la noche.

☐ 2. A mi profesor(a) no le importa que llegue tarde a clase.

☐ 3. A mis vecinos no les gusta que escuche música a todo volumen.

☐ 4. En mi empresa, no solemos celebrar los cumpleaños.

☐ 5. Odio tener que esperar, no soporto que mis amigos lleguen tarde.

☐ 6. A mi familia le encanta reunirse para celebrar la Navidad.

☐ 7. Me pone de mal humor que la gente hable en el cine mientras veo la película.

☐ 8. Me apasiona ir al teatro a escuchar una buena ópera.

B. Ahora, en un papel, escribe:

una cosa que te molesta   una cosa que no soportas

una cosa que te gusta   una cosa que te encanta

C. Entrega el papel a tu profesor sin escribir tu nombre.

D. Lee el papel que te ha dado tu profesor. ¿Sabes quién lo ha escrito?

7. Elige una de las siguientes situaciones y escribe una nota o una tarjeta de disculpa.

Trabajas en un hotel, en el Departamento de Relaciones Públicas. Miras el libro de reclamaciones y ves que un cliente, que ya no está alojado en el hotel, se quejó varias veces durante su última noche. El motivo de la queja era que en la habitación contigua el volumen de la televisión estaba altísimo.

Has estado en casa de un amigo durante un fin de semana que él no estaba. Al sacar los platos del lavavajillas, se han roto varios.

Trabajas en el departamento comercial de una compañía telefónica. Habéis recibido una carta de protesta de un cliente que lleva más de un mes esperando que le arreglen la conexión telefónica. El cliente amenaza con explicar el problema a una asociación de atención al consumidor.

Un amigo te dejó hace un año una novela. Ahora te la ha pedido, pero tú no recuerdas dónde la tienes. Crees que la has perdido. Has intentado comprarla, pero no la encuentras en ninguna librería.

+ formal

Siento/sentimos mucho...

Discúlpe(me)/
    Discúlpe(nos)...

Quisiera disculparme/
    Quisiéramos disculpar-
    nos...

Lamento/Lamentamos...

Permítame /Permítanos
    transmitirle...

- formal

Siento mucho...

Disculpa(me)...

No sabes cuánto lo
    siento...

Perdona, pero...

8. ¿Qué verbos corresponden a estos sustantivos?

el nacimiento ....

la boda ....

la jubilación ....

la separación ....

el fallecimiento ....

el divorcio ....

el cumpleaños ....

la licenciatura ....

9. A. Lee este correo electrónico. ¿Qué cosas le sorprenden a Margaret?

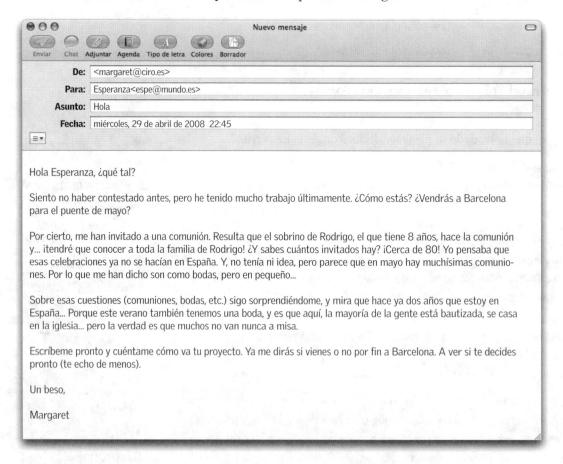

Nuevo mensaje

Enviar   Chat   Adjuntar   Agenda   Tipo de letra   Colores   Borrador

De: <margaret@ciro.es>

Para: Esperanza<espe@mundo.es>

Asunto: Hola

Fecha: miércoles, 29 de abril de 2008 22:45

Hola Esperanza, ¿qué tal?

Siento no haber contestado antes, pero he tenido mucho trabajo últimamente. ¿Cómo estás? ¿Vendrás a Barcelona para el puente de mayo?

Por cierto, me han invitado a una comunión. Resulta que el sobrino de Rodrigo, el que tiene 8 años, hace la comunión y... ¡tendré que conocer a toda la familia de Rodrigo! ¿Y sabes cuántos invitados hay? ¡Cerca de 80! Yo pensaba que esas celebraciones ya no se hacían en España. Y, no tenía ni idea, pero parece que en mayo hay muchísimas comuniones. Por lo que me han dicho son como bodas, pero en pequeño...

Sobre esas cuestiones (comuniones, bodas, etc.) sigo sorprendiéndome, y mira que hace ya dos años que estoy en España... Porque este verano también tenemos una boda, y es que aquí, la mayoría de la gente está bautizada, se casa en la iglesia... pero la verdad es que muchos no van nunca a misa.

Escríbeme pronto y cuéntame cómo va tu proyecto. Ya me dirás si vienes o no por fin a Barcelona. A ver si te decides pronto (te echo de menos).

Un beso,

Margaret

B. ¿Y a ti? ¿Te ha sorprendido algo del texto? Coméntalo con tu compañero.

C. ¿Qué crees que escribiría un español o una española si estuviera en tu país? ¿Qué cosas crees que le sorprenderían? Imagina que tú eres esa persona y escribe un correo electrónico.

10. Completa este discurso de despedida de un trabajador a sus compañeros de trabajo.

agradeceros	Ojalá	Que tengáis	vinierais
haber venido	Me da mucha pena	haberos molestado	Disculpadme

Muchas gracias por (1) _____ a mi despedida. También me gustaría daros las gracias por este regalo tan bonito... No teníais que (2) _____. Antes de irme, me gustaría (3) _____ todo lo que habéis hecho por mí. (4) _____ marcharme y dejar este ambiente de trabajo, sobre todo, dejaros a vosotros que habéis sido unos compañeros fabulosos... Si me voy de la empresa no es por nada más que porque, ya me conocéis, no puedo estar mucho tiempo en el mismo lugar: necesito cambios en mi vida... Por eso, nunca he querido comprarme una casa aunque me encanta esta ciudad. Necesito probar otras cosas. Ya sabéis, los viajes son mi pasión. (5) _____ por la cantidad de trabajo que os he dado, especialmente cuando empecé a trabajar y tuvisteis que enseñarme a hacer todo lo que no sabía. Me gustaría que todos tuvierais un recuerdo de mí tan bueno como el que yo tengo de vosotros, y por supuesto, me encantaría que (6) _____ a visitarme. (7) _____ mis nuevos compañeros se parezcan un poquito a vosotros. Os lo digo de corazón, gracias por todo.... ¡(8) _____ todos mucha salud y mucha suerte!

11. A. Aquí tienes los fragmentos desordenados de dos discursos. ¿Puedes ordenarlos y completar los discursos?

☐ con sus conocimientos y con su experiencia para dirigir el Departamento de Investigación y Desarrollo. Estoy convencido de que haremos todo lo posible

2 en nombre del presidente general, el Señor Alcocer, y de todos los empleados de nuestra empresa. A partir de ahora tendremos el privilegio de contar

☐ ¡Que tengas muchísima suerte! Y, sobre todo, ¡que seas feliz!

☐ para que se encuentre a gusto entre nosotros y para facilitarle, en todo momento, todo lo que necesite para poder realizar sus funciones con éxito.

☐ y que tengas mucha suerte en tu futuro trabajo. Sabes que, si algún día lo necesitas, las puertas de esta empresa estarán siempre abiertas para ti.

☐ de trabajo ejemplar y que te echaremos de menos. Esperamos que te quede un buen recuerdo de los años que has pasado con nosotros

---

Discurso 1

1. Antes de empezar la reunión de hoy me gustaría aprovechar para dar la bienvenida al señor Bueno, ...

Discurso 2

A. Queremos que sepas que has sido un compañero...

B. ¿Cuál es el motivo de cada uno de los discursos? ¿A quién van dirigidos?

12. A. ¿Recuerdas cómo es la forma de la 3.ª persona del plural (ellos, ellas, ustedes) del Pretérito Indefinido de estos verbos?

FELICITAR	**felicitaron**	IR	
DECIR		RECIBIR	
PEDIR		ESTAR	
AGRADECER		MORIR	
SABER		OFRECER	
PODER		DAR	

B. Fíjate en la forma del Pretérito Imperfecto de Subjuntivo. ¿Puedes explicar cómo se forma teniendo en cuenta el apartado anterior?

CAMBIAR	cambia-	-ra/-se
VENDER	vendie-	-ras/-ses
ESCRIBIR	escribie-	-ra/-se
PONER	pusie-	-ramos/-semos
		-rais/-seis
		-ran/-sen

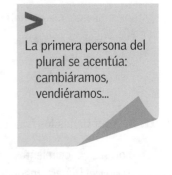

> La primera persona del plural se acentúa: cambiáramos, vendiéramos...

C. Ahora conjuga estos verbos en estas personas del Imperfecto de Subjuntivo.

(ellos) FELICITAR	**felicitaran/felicitasen**	(yo) IR	
(yo) DECIR		(vosotros) RECIBIR	
(usted) PEDIR		(ustedes) ESTAR	
(tú) AGRADECER		(tú) MORIR	
(nosotras) SABER		(ellas) OFRECER	
(él) PODER		(nosotros) DAR	

13. En una revista han publicado este test de personalidad. ¿Quieres saber si eres una persona sensible? Haz el test y descubre qué tipo de persona eres.

¿CONTROLA SUS EMOCIONES?

1. Si mi pareja o mis amigos más íntimos se olvidaran de felicitarme el día de mi cumpleaños:

- a) me enfadaría mucho con ellos y se lo diría.
- b) me enfadaría con ellos, pero no se lo diría.
- c) no le daría demasiada importancia.

2. Si tomara un taxi para llegar a una cita importante y hubiese un gran atasco:

- a) me pondría muy nervioso/a y miraría el reloj cada dos por tres.
- b) me molestaría un poco y, al llegar, pediría disculpas por el retraso.
- c) aprovecharía para leer el periódico.

3. Si un compañero me hiciese una pregunta en medio de un examen:

- a) no le haría caso.
- b) me sentiría incómodo y no sé qué haría.
- c) si el profesor no me viera, lo ayudaría.

4. Si en una reunión alguien me gastara una broma y todo el mundo se riera de mí:

- a) me enfadaría un poco.
- b) haría un esfuerzo por sonreír.
- c) me reiría y no le daría importancia.

5. Si después de trabajar mucho en un proyecto mi jefe me hiciera una crítica poco positiva:

- a) me sentaría mal la crítica y defendería el proyecto.
- b) aceptaría la crítica, pero sólo si tuviera razón.
- c) le pediría otra semana para rehacer el proyecto.

6. Si en una reunión importante me quedase en blanco, sin saber qué decir:

- a) me pondría colorado e intentaría disimular.
- b) me pondría un poco nervioso y pediría perdón.
- c) lo diría claramente; a todo el mundo le puede pasar.

7. Si una mañana mi jefe se pusiese a cantar en voz alta en la oficina:

- a) pensaría: "se ha vuelto loco".
- b) continuaría con mi trabajo.
- c) si lo hiciera bien, aplaudiría y le gastaría alguna broma.

8. Si recibiese un ramo de rosas rojas sin tarjeta:

- a) no lo aceptaría de ninguna manera.
- b) me pondría colorado, pero me las quedaría.
- c) sabría perfectamente quién me las envía y por qué.

9. Si suspendiera un examen:

- a) pediría un revisión del examen. Yo nunca suspendo.
- b) no se lo diría a nadie.
- c) intentaría hacerlo mejor la próxima vez.

10. Si consiguiera realizar algo muy importante en mi trabajo:

- a) se lo contaría a todo el mundo y lo celebraría con mis amigos.
- b) solo se lo contaría a mi familia y a mis amigos más íntimos.
- c) no se lo contaría a nadie.

Mayoría de respuestas:

a. Es usted una persona claramente emotiva. Esto puede ser bueno o malo; todo dependerá de cómo sepa controlar sus sentimientos, sus alegrías o tristezas. Además, a veces es mejor pensar en uno mismo y actuar, que esperar cosas de los otros.

b. Es usted una persona sensible que intenta controlar al máximo sus emociones. No hay que tener miedo de expresar las emociones y sentimientos. Lo más importante es ser uno mismo.

c. Algunos expertos dirían que es usted una persona que sabe perfectamente cómo y cuándo expresar sus sentimientos manteniendo un buen equilibro emocional.

14. A. En parejas. Trabajáis en el Departamento de Recursos Humanos de una empresa. Queréis elaborar un cuestionario para contratar a un jefe de departamento. ¿Qué seis situaciones hipotéticas plantearíais a los candidatos para evaluar su capacidad para el cargo?

Departamento de Recursos Humanos
CUESTIONARIO PARA JEFES DE DEPARTAMENTO

Pregunta 1

¿Qué haría usted si una de las personas que trabaja en su departamento llegara todos los días tarde?

Pregunta 2

Pregunta 3

Pregunta 4

Pregunta 5

Pregunta 6

B. Pedid a otro compañero que responda a vuestro cuestionario y decidid si lo contrataríais como jefe de departamento.

15. A. Piensa en tres personas importantes para ti. Escribe sus nombres.

B. ¿Qué desearías para esas tres personas? Escríbelo.

Me gustaría que mi hermano estudiara la carrera de Medicina.

me gustaría +
Infinitivo

me gustaría que +
Imperfecto de
Subjuntivo

16. Completa las frases. Utiliza los verbos **acordarse** o **recordar**.

1. Quiero llamar a Alberto y no .... de su número de teléfono.

2. ¿ .... aquella época? Estaba de moda el color amarillo y tú ibas siempre vestida de negro para llevar la contraria.

3. ¡Qué pena! No .... de traer el vino. Lo hemos comprado esta misma mañana y nos lo hemos dejado encima de la mesa de la cocina.

4. ● ¿A qué hora has quedado?

   ● Ay, pues ahora no ....

5. Nunca .... de los nombres de mis alumnos.

6. .... que cuando trabajaba en aquella fábrica me levantaba muy temprano.

7. No .... de qué día llegó. Tengo una memoria...

8. ¿ .... cómo era tu casa cuando eras pequeño?

17. ¿Con qué verbos relacionas estos sustantivos? Puede haber varias posibilidades.

un regalo	perdón	el pésame	las gracias	un favor
una cita	un aniversario	un consejo	una fiesta	una boda
disculpas	un cumpleaños	permiso	la enhorabuena	pena

DAR	PEDIR	AGRADECER	CELEBRAR

1. Elige la opción más adecuada.

1. _____ cobertura ofrezca una póliza, _____ siniestros cubrirá.

 a. cuanta menos/menor   c. menos/mayor
 b. cuanta más/más   d. cuanta menos/más

2. El seguro ofrece asistencia sanitaria en cualquier lugar del país e _____ en el extranjero.

 a. además   c. incluso
 b. aparte   d. excepto

3. Al final, he contratado un seguro _____ para el coche.

 a. con todos los riesgos   c. a segundos
 b. para tercero   d. a todo riesgo

4. A mí me parece que _____ las dos propuestas es buena.

 a. cualquiera de   c. cualquiera
 b. cualquier   d. cualquier de

5. Cuando firmé el contrato me aseguraron que todo _____ cubierto.

 a. estuvo   c. estaba
 b. estará   d. esté

6. Tengo que esperar a que venga el _____ para evaluar los daños.

 a. perito   c. consultorio
 b. seguro   d. siniestro

7. _____ todos ustedes saben, nuestra empresa se fundó hace más de 50 años.

 a. Y ahora   c. Como
 b. Si   d. Porque

8. Estoy haciendo un estudio de mercado. ¿Conoces a alguien que _____ más de dos hijos?

 a. tiene   c. tendrá
 b. tenga   d. tendría

9. Hoy tenemos con nosotros al profesor Guzmán, _____ tengo el gusto de presentarles.

 a. quien   c. a quien
 b. a que   d. que

10. A _____ le gusta equivocarse cuando habla en público.

 a. alguien   c. cualquiera
 b. ningún   d. nadie

11. Es muy importante tener en cuenta el material _____ vamos a trabajar.

 a. con el que   c. con quien
 b. con cual   d. cual

12. No vamos a encontrar _____ empresa que _____ ese servicio.

 a. alguna/ofrezca   c. ninguna/ofrece
 b. ninguna/ofrezca   d. alguna/ofrece

13. A mí me gustaría que nos _____ más vacaciones.

 a. den   c. hayan dado
 b. dan   d. dieran

14. ¡Ojalá _____ suerte y _____ el examen!

 a. tengas/aprobarías   c. tengas/aprobarás
 b. tengas/apruebes   d. tengas/apruebas

15. Si _____ más tiempo libre, _____ a tocar algún instrumento.

 a. tendría/aprendería   c. tuviera/aprendería
 b. tenga/aprenderé   d. tendré/aprenderé

16. Espero que _____ un día tranquilo.

 a. hayas tenido   c. tendrías
 b. has tenido   d. tienes

17. Y ahora, vamos a brindar... ¡ _____ Antonio!

 a. Por   c. Para
 b. A   d. Con

18. Siento mucho no _____ antes.

 a. escribiré   c. haber escrito
 b. escribiera   d. escriba

19. ¡Qué raro que no nos _____ todavía la factura del teléfono!

 a. llegaría   c. llegaba
 b. haya llegado   d. ha llegado

20. Nunca _____ del día del cumpleaños de Enrique.

 a. recuerdo   c. me acuerdo
 b. acuerdas   d. me recuerdas

Resultado: _____ de 20

2. Lee las condiciones de una compañía aérea respecto a la responsabilidad para vuelos internacionales y responde a las preguntas.

LIMITACIÓN DE RESPONSABILIDAD PARA VUELOS INTERNACIONALES

Se informa a los pasajeros que viajan hacia, desde o con parada en Estados Unidos, y tengan un contrato especial de transporte, que la responsabilidad de la compañía está limitada a daños personales que no excedan de 75 000 US$ por pasajero.

En el caso de pasajeros que viajan utilizando los servicios de un transportista con el que no hayan suscrito un contrato especial o, en un viaje que no tenga su origen, finalice o tenga una parada en algún lugar de los Estados Unidos, la responsabilidad de la compañía está limitada a daños personales que no excedan de los 20 000 US$.

Por lo general, se puede conseguir una protección adicional contratando una póliza de seguros con una empresa privada.

Para obtener información complementaria, consulte a su compañía aérea o a su compañía de seguros.

LIMITACIÓN DE RESPONSABILIDAD POR EQUIPAJE

La indemnización por pérdida, retraso o daño del equipaje es limitada, excepto en el caso de que se haya declarado un valor más alto y hayan sido pagados los cargos adicionales. Para la mayoría de los viajes internacionales, el límite de responsabilidad es aproximadamente de 20 US$ por kilo para el equipaje facturado y 400 US$ por pasajero para el equipaje de mano. Para viajes realizados totalmente en el interior de los Estados Unidos, el límite de responsabilidad es de 1250 US$ por pasajero. La compañía no se hace responsable de animales, joyas, documentos o cualquier artículo u objeto frágil.

1. Si un pasajero tiene un accidente dentro de un avión en un trayecto de Madrid a Berlín, ¿qué indemnización máxima puede recibir de la compañía?

2. ¿En qué caso la indemnización puede ser superior a 75.000 US$?

3. ¿Tiene derecho a indemnización un pasajero que recibe su equipaje en perfecto estado, pero una semana más tarde?

4. ¿Qué pasajero puede recibir una indemnización más alta por pérdida de su equipaje: un pasajero que vuela de Madrid a Sydney o un pasajero que vuela de Nueva York a Chicago?

5. ¿Por la pérdida de cuál o cuáles de estos artículos recibirías una indemnización: un jarrón de cristal, una cámara fotográfica, un reloj de oro o unos zapatos?

Resultado: de 10

3. ¿A qué situación crees que corresponde cada diálogo?

☐ alguien llega a una reunión

☐ alguien está buscando trabajo

☐ alguien sale de casa

☐ alguien está esperando una respuesta de un cliente

☐ alguien ha cenado en casa de unos amigos

Resultado: de 10

4. Imagina que dejas una empresa donde has trabajado en los últimos tres años. Tus compañeros te han organizado una cena. Escribe un discurso de despedida.

Resultado: de 10

TOTAL: **de 50**

Socios y colegas

1. Zapatos Martinelli

Si trabaja con...

Socios2/Colegas2	Otros materiales	Actividades
Unidad 1	Departamentos y cargos de una empresa Funciones de una persona o puesto de trabajo Perfil adecuado para un puesto de trabajo Características de una persona: **ser** y **estar**	pp. 164, 165
Unidad 4	Imperativo Expresar obligación Expresar prohibición Normas	pp. 166, 167

2. ¡Buen viaje!

Si trabaja con...

Socios2/Colegas2	Otros materiales	Actividades
Unidad 2	Expresar gustos y sentimientos Condicional Hablar sobre viajes y vacaciones	pp. 168, 169, 170
Unidad 6	Conectores del discurso Redactar un informe	pp. 171

3. Navidad

Si trabaja con...

Socios2/Colegas2	Otros materiales	Actividades

Unidad 3	Expresar continuidad: **todavía...**, **seguir**
	  + Gerundio
	Expresar interrupción: **ya no...**, **dejar de**
	  + Infinitivo
	Expresar inicio: **empezar a** + Infinitivo
	Recordar: Pretérito Imperfecto
	Hablar de costumbres y tradiciones navideñas
		pp. 172, 173, 175

Unidad 8	Alimentos	pp. 174

4. Créditos y seguros

Si trabaja con...

Socios2/Colegas2	Otros materiales	Actividades
Unidad 5	Hablar sobre créditos e hipotecas	pp. 176, 177
Unidad 10	Descripción de seguros y coberturas Continente y contenido	pp. 178, 179

5. Una campaña publicitaria

Si trabaja con...

Socios2/Colegas2	Otros materiales	Actividades
Unidad 7	Vocabulario relacionado con internet y la telefonía móvil	pp. 180, 181
Unidad 9	Expresar opinión Manifestar acuerdo, desacuerdo y dudas Vocabulario de la publicidad	pp. 182, 183

6. Un paseo con Norma

Si trabaja con...

Socios2/Colegas2	Otros materiales	Actividades
Unidad 11	Presentar un centro de formación Recursos para hablar en público Consejos	pp. 184, 185, 186
Unidad 12	Expresar sentimientos Expresar deseos Agradecer Disculparse	pp. 187

LA PLANTILLA DE MARTINELLI

A. Todas estas personas trabajan en la empresa Martinelli. ¿En qué crees que consiste su trabajo? Recuerda que puedes usar las expresiones **lleva..., se encarga de..., se dedica a..., es responsable de...**

Francis, es la secretaria de Dirección.

Teresa García, lleva el Departamento de Proveedores.

Javier Hervías, lleva el Departamento de Atención al Cliente.

Antonio Román, lleva el Departamento de Ventas.

Manuel Sánchez, lleva el Departamento de Contabilidad.

Miguel Martínez, lleva el Departamento de Informática.

José Martínez, lleva el Departamento de Administración de Personal.

Silvia Martínez, lleva el Departamento de Diseño.

B. Ahora puedes ver el capítulo "Departamentos y cargos" del vídeo para comprobar tus respuestas y completarlas, si es necesario.

PERFIL PROFESIONAL

A. ¿Qué cualidades y requisitos crees que son necesarios para ocupar los siguientes puestos de trabajo?

Secretaria de Dirección	**Responsable de Informática**

Responsable del Departamento de Atención al cliente	**Director/a del Departamento de Diseño de calzado**

B. Mira el capítulo "Departamentos y cargos" del reportaje. Toma notas sobre cómo son o qué impresión te causan las personas que realizan los trabajos anteriores.

Francis	**Miguel Martínez**

Javier Hervías	**Silvia Martínez**

C. Comenta con tu compañero si crees que estas personas son adecuadas para el puesto de trabajo que ocupan.

* ● Javier Hervías parece muy amable y atento.
  ● Sí, pienso que es muy adecuado para el Departamento de Atención al Cliente.

NORMAS Y COSTUMBRES

A. Todas estas frases hacen referencia a las normas internas y a las costumbres de una empresa española, concretamente a las de una fábrica de zapatos. ¿Cuáles crees que son verdaderas (V) y cuáles falsas (F)?

	V	F
1. La jornada laboral empieza a las ocho y acaba a las cinco de la tarde.		
2. Tienen dos horas de descanso para comer.		
3. Mucha gente va a comer a casa.		
4. Está prohibido comer en horas de trabajo.		
5. No se permite hablar con los compañeros de trabajo.		
6. Se puede fumar.		
7. No está permitido escuchar música.		
8. Es obligatorio llevar casco.		
9. Tienen tres semanas de vacaciones.		
10. Es normal hacerse regalos cuando alguien celebra su cumpleaños.		

B. Ahora puedes ver el reportaje para comprobar tus respuestas. Comenta con tus compañeros qué diferencias crees que hay entre la fábrica de Martinelli y una empresa parecida en tu país.

✳ ● La jornada laboral es diferente. La gente empieza a trabajar a las...

CARTELES

A. Fíjate en estos carteles. Mira el reportaje para saber cuáles podrían verse en el interior de la fábrica de zapatos Martinelli.

1.

PROHIBIDO FUMAR

2.

SE RECOMIENDA DESCONECTAR EL MÓVIL EN HORAS DE TRABAJO

3.

RECORDAMOS A TODOS LOS EMPLEADOS DE ESTA EMPRESA QUE ESTÁ PROHIBIDO ESCUCHAR MÚSICA EN HORAS DE TRABAJO ♫

4.

ES OBLIGATORIO *LAVARSE LAS MANOS* ANTES DE TOCAR LOS ALIMENTOS

5.

 RECUERDA: EL DESCANSO ES SOLO DE 15 MINUTOS (DE 9.15 A 9.30)

6.

¡ATENCIÓN! NO TE OLVIDES DE QUE TRABAJAS CON ALGUNOS PRODUCTOS TÓXICOS. ¡PONTE SIEMPRE LA MÁSCARA!

7.

AVISO A TODO EL PERSONAL: LA DIRECCIÓN DE LA EMPRESA RECUERDA A TODOS LOS EMPLEADOS QUE EL USO DEL UNIFORME ES OBLIGATORIO

8.

PROHIBIDA LA ENTRADA A TODAS LAS PERSONAS AJENAS A ESTA EMPRESA

B. Redacta dos carteles más que se podrían encontrar en la fábrica Martinelli.

¡Buen viaje!

VACACIONES

A. Completa con tus gustos y preferencias durante las vacaciones:

1. ¿Cuándo tienes tus vacaciones? ....

2. ¿Qué haces en tus vacaciones? ....

3. ¿Cuál es tu lugar favorito? ....

B. Ahora vas a ver un reportaje en el que algunas personas nos hablan de sus vacaciones. Completa las respuestas que faltan.

	¿Cuándo tienen vacaciones?	¿Qué hacen en sus vacaciones?	¿Cuáles son sus lugares favoritos?
	Un mes en verano, una semana en Semana Santa y una semana en Navidad.		Praga y Cuba.
		En verano, ir a la playa.	
	En temporada baja. En octubre o en noviembre.		España.
		Ver arquitectura.	
	15 días a lo largo del año y 15 días en verano.		Lisboa y Madeira les gustó bastante.
		Descansar y pasear un poquito.	

C. ¿A cuál de las personas anteriores te pareces más en lo que se refiere a costumbres y gustos vacacionales?

 ■ Yo me parezco a... porque también...

VACACIONES AQUÍ Y ALLÁ

A. Mira el capítulo "Las vacaciones" y relaciona las personas que hablan con las frases que podrían decir.

1.

2.

3.

4.

5.

6.

Me interesa mucho la arquitectura.

Me gusta estar con la familia en vacaciones.

Me encanta la montaña.

Me aburren las vacaciones de sol y playa.

En invierno nos gusta hacer un viaje fuera de España.

Me apasiona la Antigüedad clásica.

Me encanta el ambiente de Praga.

A mí me apasiona Cuba.

Me divierte ir a la playa en verano con mis amigas.

Me encantan los monumentos de Italia.

B. Con tu compañero, decidid qué lugares les recomendaríais a estas personas, según sus gustos.

✱
● A la chica 2 le recomendaría visitar Grecia.
● Sí, yo, en su lugar, iría a Grecia.

LOS STANDS DE FITUR

A. Vas a ver el apartado del reportaje titulado "FITUR. Feria Internacional del Turismo". En este reportaje vas a escuchar a los representantes de los pabellones de diferentes países ofertando sus diferentes productos. Antes de ver el reportaje, ¿a qué país crees que corresponden estas ofertas turísticas?

1. Estamos haciendo promoción de la Patagonia.

2. Como cada año mostramos lo más significativo de la isla.

3. Nuestro país tiene la parte de la costa, la de la sierra, el oriente con la Amazonía...

4. Nosotros vamos a promocionar, como cada año, Punta del Este, un destino turístico conocido en todo el mundo, y la península del Río de la Plata.

5. Queremos que la gente conozca el norte del país con sus desiertos, sus montañas, la observación de ballenas...

6. Además de las Galápagos, queremos promocionar el turismo rural indígena.

7. En el suroeste del país se puede disfrutar de las playas del Caribe y del arte maya.

8. Muchos turoperadores ofrecen viajes todo el año a "la salsa del Caribe".

9. Queremos dar a conocer al público europeo las cataratas de Iguazú y la provincia de Córdoba.

10. Queremos mostrar toda la parte tradicional que conocemos como mariachi, el arte colonial, el arte prehispánico...

A. México

B. Argentina

C. Uruguay

D. Puerto Rico

E. Ecuador

B. Ahora vas a ver el reportaje y podrás comprobar tus respuestas. Solo una de las frases no se menciona en el reportaje. ¿Cuál es?

DE NEGOCIOS EN LA FERIA

A. ¿Te acuerdas de qué es un turoperador? Es la empresa que diseña paquetes de viajes para venderlos a las personas que quieren viajar. Imagínate que trabajas para un turoperador de tu país y que te envían a Madrid a visitar FITUR. Mira el reportaje y toma nota del tipo de viajes y destinos que ofertan cinco países americanos.

NOTAS

B. Ahora elabora un pequeño informe para tu empresa sobre tu visita a FITUR. Incluye los destinos y los viajes que recomiendas comprar. Recuerda que vuestros clientes son personas de tu país. Debes tener en cuenta sus gustos y preferencias.

Navidad

TODAVÍA CELEBRAMOS LA NAVIDAD

A. Lee estas frases sobre la celebración de las Navidades en España y di si son verdaderas (V) o falsas (F).

	V	F
1. La gente ya no pone el belén.		
2. Los españoles ya no juegan a la lotería de Navidad.		
3. La gente suele comprar mucha comida y cocina platos especiales en los días navideños.		
4. Se ha empezado a consumir fruta tropical durante las fechas navideñas.		
5. Se siguen consumiendo dulces tradicionales como los polvorones, mantecados, turrones, barquillos...		
6. Ya no se consume cava ni vino.		
7. Los españoles han dejado de comer la uvas en Nochevieja.		
8. Los niños todavía piden regalos a los Reyes Magos de Oriente.		

B. Ahora mira el reportaje y corrige tus respuestas, si es necesario.

C. Comenta con tu compañero cómo son las Navidades en tu país. ¿Qué tradiciones se siguen celebrando? ¿Ha habido algún cambio en los últimos años?

 ● En mi país se sigue celebrando mucho la Navidad.
● En el mío también, pero la gente ya no cocina tanto en casa.

COSAS DE NAVIDAD

A. Antes de ver un reportaje sobre la Navidad, intenta descubrir qué son todas estas cosas. Puedes preguntar a tus compañeros o a tu profesor.

1. una pandereta

2. una zambomba

3. el belén

4. la Nochebuena

5. el Gordo

6. el marisco

7. el turrón

8. la Nochevieja

9. los Reyes Magos

B. Ahora vas a ver el reportaje. ¿Aparecen todas las cosas del apartado anterior?

C. Aquí tienes una serie de fotografías, relaciónalas con las palabras del apartado A.

1.

2.

3.

4.

5.

6.

COMIDA DE NAVIDAD

A. ¿Celebras la Navidad o alguna fiesta parecida? ¿Qué cosas se comen en tu casa para esa ocasión?

B. Ahora vas a ver un reportaje realizado en Barcelona en el que se le pregunta a la gente qué compra para Navidad. Aquí tienes un cuadro con nombres de alimentos que se mencionan o se ven en el reportaje. ¿Puedes colocarlos en el apartado correspondiente?

langosta · cabrito · jamón · barquillos · vino · piña · higos · cava · besugo · turrón · conejo · fresas · dorada · ostras · gambas · uva · mango · mejillones

Pescados	Mariscos	Carnes

Frutas	Dulces	Bebidas

C. ¿Se comen las mismas cosas en tu país en fechas parecidas?

LOS REGALOS

A. Mira la parte del capítulo titulado "5 de enero, llegan los Reyes Magos". A continuación, lee esta breve historia en la que un adulto recuerda cómo eran las noches del 5 de enero cuando era pequeño.

Recuerdo que teníamos que dejar tres platos con hierba y un poco de agua para los camellos de los Reyes, y para los Reyes un poco de turrón o algo para beber: un refresco, vino dulce...

Esa noche nos íbamos a la cama pensando si habíamos convencido a los Reyes con nuestra carta, en la que les asegurábamos que habíamos sido buenos todo el año.

Nos preguntábamos si nos iban a traer todos los regalos que habíamos pedido o si nos iban a traer carbón por haber sido malos durante el año (aunque siempre había algo de carbón entre los regalos; eso sí, carbón dulce).

Recuerdo que nunca comprendí y nadie pudo explicarme cómo podían los Reyes llegar a las casas de todos los niños del mundo en solo una noche...

Recuerdo que muchas veces no podíamos dormir hasta tarde y era difícil convencernos para ir a la cama.

Lo más emocionante era levantarse por la mañana, el día 6 de enero, encontrar los regalos en la sala, y ¡ver los platos vacíos! Era la prueba de que los Reyes y sus camellos habían estado allí.

En mi casa dejábamos la puerta entreabierta para que los Reyes pudieran entrar.

B. ¿Quién trae los regalos a los niños en tu país? ¿Por qué no le cuentas al resto de la clase cuáles son tus recuerdos de esa época?

 ● Yo recuerdo que mis abuelos venían siempre y...

Créditos y seguros

¿UNA CASA O UN COCHE?

A. Vas a ver un reportaje sobre dos parejas que han comprado recientemente una casa y un coche; y las dos han pedido un crédito. Antes de ver el reportaje, ¿qué pareja crees que va a decir cada una de las frases?

1. Decidimos comprar uno familiar porque cabían más niños, más cochecitos, más paquetes, más maletas, el perro...

5. Partíamos de la venta de un piso, o sea, teníamos la entrada.

2. Vivíamos en un piso aquí en Pueblo Nuevo que era más pequeño, no tenía mucha luz. Y nos planteamos venir aquí.

6. Los gastos generados por la hipoteca son la comisión de apertura, la comisión de estudio, los gastos notariales....

3. Fuimos al concesionario, escogimos el modelo, escogimos el color y, a la hora de pagar nos faltaban seis mil euros..

7. Pedimos el crédito a tres años. Ya llevamos un año pagando, o sea que nos quedan 24 meses de plazos y creo que el interés era al seis por ciento.

4. Para darnos la hipoteca, lo que nos pidieron, pues, fue las nóminas...

8. ...nos quedan 16, pero esperamos poderla pagar mucho antes y que sean muchos menos años.

Miguel y Silvia

Jordi y Lluïsa

B. Ahora puedes ver el capítulo "Créditos" para comprobar tus respuestas.

PIDIENDO DINERO

A. Las palabras que tienes a continuación se usan cuando uno va al banco a pedir dinero, por ejemplo, para comprar una casa o un coche. ¿Puedes definirlas?

la nómina

el tipo de interés

la declaración de renta

la escritura del piso

la comisión de apertura

B. Vas a ver un reportaje de dos parejas que han pedido un crédito. Una pareja se ha comprado una casa y la otra, un coche. Mira el capítulo "Créditos" e intenta completar la información para cada caso. Puede ser que no puedas responder a todos los datos.

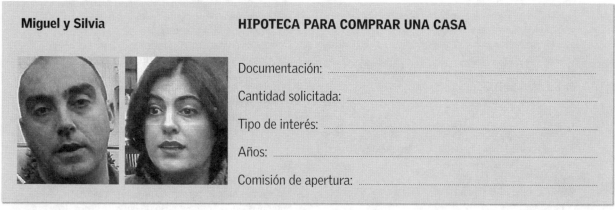

Miguel y Silvia

HIPOTECA PARA COMPRAR UNA CASA

Documentación:

Cantidad solicitada:

Tipo de interés:

Años:

Comisión de apertura:

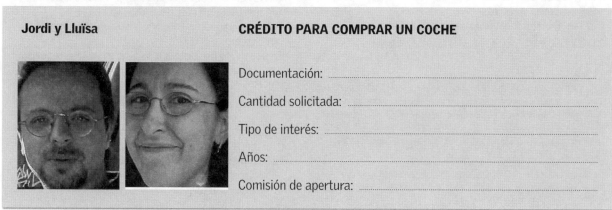

Jordi y Lluïsa

CRÉDITO PARA COMPRAR UN COCHE

Documentación:

Cantidad solicitada:

Tipo de interés:

Años:

Comisión de apertura:

C. ¿Y tú, has pedido un crédito alguna vez? ¿Qué te compraste? ¿Qué documentación te pidieron? Coméntalo con tu compañero.

 ● Yo pedí un crédito para comprarme mi primer ordenador. Me pidieron...

SEGUROS, SEGUROS

A. Aquí tienes información sobre los diferentes productos que ofrece una aseguradora. ¿Sabes qué tipo de seguro es cada uno? Escríbelo antes de ver el reportaje.

seguro de automóvil	seguro de asistencia sanitaria
seguro de viaje	seguro de responsabilidad civil
seguro del hogar	seguro de vida

ASEGUR S.A.

1.

Disfrute de la más completa asistencia médica, quirúrgica y hospitalaria:
· libre elección de médico;
· habitación individual en clínicas y hospitales;
· servicio telefónico de asistencia médica;
· asistencia sanitaria en cualquier lugar del país o incluso en el extranjero;
· atención domiciliaria;
· sin listas de espera ni límites de edad.

2.

Contrate un seguro a su medida. Además del Seguro de Responsabilidad Civil Obligatoria, usted puede escoger:
· seguro a Terceros;
· seguro a Todo riesgo;
· Responsabilidad civil ilimitada;
· defensa jurídica;
· asistencia en viaje;
· seguro de accidentes para los ocupantes;
· daños sufridos por el vehículo asegurado.

3.

Para garantizar a su familia lo que necesita para vivir con tranquilidad, le ofrecemos un seguro diseñado especialmente para usted y los suyos. Para que, si usted falta, a ellos no les falte de nada.
Es compatible con cualquier otro seguro y le ofrece las mejores coberturas del mercado:
· a partir de 250 000 € en caso de fallecimiento o invalidez absoluta;
· a partir de 500 000 € por fallecimiento o invalidez absoluta en caso de accidente;

4.

Disfrute de las mejores coberturas en seguros para el hogar. Le pagamos:
· los daños que se puedan producir en caso de incendio, tanto en la vivienda como en los muebles;
· el alquiler de otra vivienda, si lo necesita;
· los daños en caso de robo dentro o fuera del hogar;
· las posibles inundaciones, así como los gastos derivados de la búsqueda y localización de averías;
· los daños producidos a vecinos.
En ASEGUR le enviamos a nuestros técnicos para que no tenga que preocuparse de nada. Asistencia 24 horas, 365 días al año.

5.

Disfrute de sus vacaciones con un seguro que le permitirá recorrer el mundo con una amplísima cobertura:
· una asistencia total en caso de enfermedad o accidente durante el viaje, para usted y los suyos;
· nuestras garantías le permitirán pasar sus vacaciones tranquilo;
· olvídese de los retrasos y de los problemas con el equipaje.

6.

Este seguro no solo significa calidad de vida para usted y su familia, sino también para los que le rodean. Le garantiza el pago de las indemnizaciones como consecuencia de:
· daños corporales causados a terceras personas;
· daños materiales a bienes de terceros;
Le ofrecemos:
· Responsabilidad Civil Familiar;
· Responsabilidad Civil de Animales domésticos;
· Responsabilidad Civil de Inmuebles.

B. ¿Cuál de estos seguros crees que han contratado Miguel y Silvia y cuál Jordi y Lluïsa? Mira el capítulo "Seguros" y compruébalo.

CONTENIDO Y CONTINENTE

A. Miguel y Silvia tienen un seguro para su casa que cubre, por un lado, el contenido y, por otro, el continente. Después de ver el apartado "Seguros" y, tras la explicación de Miguel, ¿cuáles de estas cosas crees que pertenecen al contenido y cuáles al continente?

un ordenador   unas gafas   una lavadora   un traje

una cámara de fotos   una ventana   una fachada   una tubería

una puerta de un dormitorio   un cuadro   una mesa de jardín   un reloj

Contenido	Continente

B. Intenta ponerte de acuerdo con tus compañeros.

Una campaña publicitaria

N de Amena

A. Esta es la página web de "N de Amena". ¿Qué servicios o productos crees que ofrece? Coméntalo con tu compañero.

* ● Yo que creo que Amena ofrece un servicio de información...

B. Ahora vas a ver un reportaje sobre una campaña de publicidad de "N de Amena". Así podrás comprobar si tus hipótesis eran correctas.

UN CLIENTE POTENCIAL

A. Este cuestionario lo ha preparado Amena, una compañía de telefonía móvil. Quieren saber si su producto va a tener éxito. ¿Por qué no respondes a las preguntas?

Amena

1. ¿Te gusta hablar por teléfono?

☐ sí   ☐ no

2. ¿Necesitas estar siempre localizable?

☐ sí   ☐ no

3. ¿Tienes móvil?

☐ sí   ☐ no

4. ¿Sueles escribir correos electrónicos?

☐ sí   ☐ no

5. ¿Te gusta chatear?

☐ sí   ☐ no

6. ¿Viajas con frecuencia?

☐ sí   ☐ no

7. ¿Te gusta estar al día de lo que pasa en el mundo?

☐ sí   ☐ no

8. ¿Realizas operaciones bancarias con frecuencia?

☐ sí   ☐ no

9. ¿Te gusta saber qué tiempo hace en diferentes lugares del mundo?

☐ sí   ☐ no

10. ¿Necesitas saber cómo está el tráfico en las carreteras antes de salir de casa?

☐ sí   ☐ no

11. ¿Te gusta hacer compras desde tu casa o desde cualquier lugar?

☐ sí   ☐ no

12. ¿Crees que es importante estar siempre localizable?

☐ sí   ☐ no

B. Después de haber respondido al cuestionario, vas a ver un reportaje sobre la campaña de publicidad de Amena. Teniendo en cuenta tus respuestas al cuestionario y la información que vas a descubrir en el reportaje, ¿crees que eres un cliente potencial de "N de Amena"?

UNA CAMPAÑA

A. Amena es una compañía de telefonía móvil que ha encargado una campaña de publicidad a la agencia creativa Cathedral. Mira el reportaje sobre la elaboración de esta campaña y completa la siguiente ficha.

Anunciante:

....

Producto:

....

Objetivo de la campaña:

....

....

Público objetivo:

....

Soportes de la campaña:

....

....

Idea del *spot*:

....

....

B. Imagina que formas parte del equipo que ha encargado esta campaña. Vuelve a mirar el anuncio y decide si te parece adecuado. Discutidlo en grupos de cuatro.

- Yo no creo que el anuncio transmita bien la idea de estar conectado.
- Pues a mi me parece que sí.

UN BUEN ANUNCIO

A. ¿Sabes qué pasos se siguen para desarrollar y realizar un anuncio de televisión? Aquí tienes las diferentes fases del desarrollo de un anuncio en una agencia de publicidad. Ordénalas según tu criterio.

☐ Se encarga el rodaje del anuncio a un realizador.

☐ Se presenta la propuesta al cliente.

☐ El Departamento Estratégico desarrolla el concepto.

☐ Se hace un guión.

☐ Se realiza el rodaje y la postproducción.

☐ Un ilustrador hace el *storyboard* de la película.

☐ El Departamento Creativo desarrolla el concepto creativo.

B. Mira el reportaje y comprueba tus respuestas.

C. Ahora, en parejas vais a decidir si os parece un buen anuncio. Completad el cuadro con vuestras opiniones. Puntuad de 1 (-) a 10 (+) los diferentes aspectos. Después, intentad poneros de acuerdo con el resto de la clase.

	Puntuación
1. Originalidad	
2. Música	
3. Eslogan	
4. *Casting* (modelo)	
5. Vestuario	
6. Localización (ciudad donde se ha rodado)	
7. Atrezo (referencias visuales, decorado...)	
8. Sonido	
9. Locución (voz en *off*)	
10. Ritmo (velocidad)	

Un paseo con Norma

UNA ESCUELA DE NEGOCIOS

En la primera parte del reportaje que vas a ver, Gracia Rodríguez, una profesora de ESADE, va a presentar su escuela y va a explicar en qué consiste su trabajo. Aquí tienes una lista de información sobre ESADE. Toda esta información es cierta, pero Gracia Rodríguez solo hace mención a algunas cosas. Marca con una cruz lo que oigas.

1. ESADE tiene centros en Madrid, Barcelona y Buenos Aires.

2. ESADE se fundó en 1956.

3. Además de Administración de Empresas, en ESADE se puede estudiar Derecho, Turismo e Idiomas.

4. Algunos de los estudiantes son extranjeros que vienen de universidades que tienen acuerdos con ESADE y que quieren aprender español.

5. Gracia se encarga, entre otras cosas, de formar ejecutivos en cuestiones relacionadas con la comunicación de la empresa.

6. En 2008 se celebra el 50 aniversario de la creación de ESADE.

7. El factor emocional es muy importante en las presentaciones; por ello para hacer una buena presentación deben estudiarse factores personales, además de los metodológicos.

8. Los alumnos terminan su formación con una equilibrada proporción de teoría y de práctica.

9. En ESADE preparan a los ejecutivos con estrategias para preparar todo tipo de presentaciones: informativas, persuasivas e incluso de entretenimiento.

10. ESADE figura en el listado de las 30 mejores escuelas dedicadas a la formación de ejecutivos del Financial Times en 2008.

LOS TRES ERRORES

A. Norma, una estudiante de Turismo, acompaña a un grupo de estudiantes extranjeros en una visita por Barcelona. Aquí tienes un texto con sus explicaciones, pero hay tres errores. Tal vez puedas encontrar algunos de ellos con una primera lectura. Si no, no te preocupes porque vas a ver el reportaje en el que aparece Norma y seguro que podrás detectarlos.

Hola, buenas tardes a todos y bienvenidos a este recorrido que vamos a hacer por Barcelona. Mi nombre es Norma y soy estudiante de Turismo en ESADE.

Empezaremos nuestra visita por el Parque Güell. Como muchos de vosotros sabéis se trata de la construcción de mayores dimensiones del arquitecto Antonio Gaudí. ¿Alguien tiene alguna pregunta?

¿Estamos todos? ¿Sí? Bien, ahora nos dirigimos a la Sagrada Familia, uno de los edificios más simbólicos de nuestra ciudad... A continuación veremos uno de los edificios más famosos de Gaudí, la Pedrera, situado aquí en las Ramblas, si os fijáis, aquí a la derecha...

¿Seguimos? ¿Os acercáis un poquito...? Ahora estamos en el Barrio Gótico que es el corazón del barrio antiguo de Barcelona. A vuestra derecha tenéis el inicio de las Ramblas y a la izquierda, la estatua de Colón.

Estamos llegando a la Plaza de España y me gustaría hablaros sobre las Olimpiadas de Barcelona. Como muchos de vosotros sabéis, Barcelona empezó a ser un destino de moda a partir de los Juegos Olímpicos de 1994. Para ese evento se llevaron a cabo diferentes obras arquitectónicas, como la Casa Milá.

Terminaremos nuestra visita por lo que se conoce con el nombre de Anilla Olímpica, el conjunto de construcciones deportivas situadas en la montaña de Montjuïc que se remodelaron o se construyeron para las Olimpiadas.

Bueno, aquí se termina nuestra visita. Muchas gracias, espero que os haya gustado y que tengáis mucha suerte. ¡Adiós! ¡Gracias!

B. Ahora tú vas a preparar una pequeña presentación para tus compañeros sobre tu ciudad u otra ciudad que conozcas. Puedes buscar información en una guía turística, en internet, etc. Imagínate que vas a ser el guía y que la clase es la ciudad que vas a mostrar.

C. ¿Cuál de las presentaciones de tus compañeros te parece mejor? ¿Por qué?

CONSEJOS PARA NORMA

A. Norma es una estudiante de Turismo en ESADE, una escuela de negocios. En una de sus prácticas va a acompañar a un grupo de estudiantes extranjeros en una visita por la ciudad en autocar. Mira esta lista de consejos y decide cuáles crees que le ha dado su profesora antes de la visita.

CONSEJOS

1. Repasa el itinerario que vas a seguir con el chófer antes de empezar la visita.

2. No es necesario comprobar si hay suficiente gasolina en el depósito. Durante la visita pasaréis por muchas gasolineras.

3. Si vas a utilizar fotocopias, haz siempre alguna de más para evitar sorpresas. A la gente no le gusta nada quedarse sin información.

4. Si en un momento de la presentación te quedas en blanco, lo mejor es decir que te encuentras mal y cancelar la visita.

5. Si te pones muy nerviosa puedes pedirle a una de las personas del grupo que te sustituya un momento hasta que consigas tranquilizarte.

6. No abuses de cifras, años y datos estadísticos.

7. Nunca digas ¿Alguien tiene alguna pregunta?, ya que en ese caso te arriesgas a que los pesados o distraídos empiecen a preguntar todo tipo de cosas y consuman tu tiempo.

8. Es mejor una presentación leída que hablada, así seguro que no te quedarás en blanco ni te equivocarás, y al final les puedes dar una copia por escrito.

9. Cada vez que hagáis una parada, debes contar a las personas del grupo al volver al autocar, antes de salir hacia el siguiente destino.

10. Si alguien del grupo causa problemas, díselo al chófer, ya que tiene órdenes de expulsar del autocar a los individuos conflictivos.

B. Comenta tus respuestas con tu compañero. Después, poneos de acuerdo para escoger las tres recomendaciones más útiles.

EL DISCURSO DE NORMA

En el reportaje has visto cómo Norma nos habla de su experiencia en la escuela. Ahora vas a leer el discurso de despedida que ha escrito Norma para el último día del curso. Léelo y subraya las partes que crees que debería eliminar de su discurso. ¿Qué le recomendarías para mejorar su discurso?

Queridos compañeros y compañeras:

Muchas gracias por estar aquí. Me da mucha pena que se haya terminado este curso. Os voy a echar mucho de menos, a unos más que a otros. En este curso he aprendido muchas cosas que no sabía, como, por ejemplo, cómo gestionar financieramente una empresa, he tenido la oportunidad de conocer directamente empresas del mundo hotelero, restaurantes... y he aprendido a hablar en público. Al principio me ponía muy nerviosa. A veces tenía que tomarme una copa de coñac antes de las presentaciones para tranquilizarme.

Me acuerdo del primer día que guié por Barcelona a un grupo de estudiantes. Les dije que las Olimpiadas de Barcelona fueron en el 94. Un estudiante intentó corregirme y a mí me dio tanta vergüenza que le dije que era él el que estaba equivocado. Bueno, lo importante es que todos hemos aprendido mucho de nuestros errores.

Hemos pasado por momentos muy duros y quisiera disculparme si en alguno de esos momentos he antepuesto mis prioridades al compañerismo. Quiero agradeceros a todos vuestro apoyo durante el curso y quiero aprovechar para desearos mucha suerte en vuestras carreras profesionales. Espero que el que llegue más lejos profesionalmente no se olvide de los otros y sea generoso cuando vayamos a pedirle trabajo. Yo os prometo ofreceros siempre un trabajo allí donde yo esté aunque tenga que despedir a alguien.

En definitiva, me alegro mucho de haberos conocido y ojalá nos volvamos a encontrar.

Recomendaciones:

ZAPATOS MARTINELLI

La plantilla de Martinelli

Francis: atiende a sus jefes, sus llamadas telefónicas, sus citas, las reservas de hotel...

Teresa García: da la conformidad a las facturas que llegan y prepara los pagos.

Javier Hervías: gestiona las reclamaciones.

Antonio Román: coordina las ventas y la producción.

Manuel Sánchez: reclama los pagos a los clientes.

Miguel Martínez: lleva el mantenimiento de los equipos informáticos y la programación.

José Martínez: prepara las nóminas, los contratos, las bajas y las altas, los despidos...

Silvia Martínez: realiza los diseños de los modelos que después se van a fabricar.

Normas y costumbres

A.

1. F / 2. V / 3. V / 4. V / 5. F / 6. F / 7. V / 8. F / 9. F / 10. V

Carteles

1, 2, 3, 5, 6, 8

¡BUEN VIAJE!

Vacaciones

B.

1. Viajan fuera de España.
2. Tres meses aproximadamente. / Italia.
3. Descansar y estar con la familia en la playa.
4. Cuatro meses aproximadamente. / Francia e Italia.
5. Van a la costa en verano y en invierno les gusta salir de España.
6. 15 días en invierno y 15 en verano. / Grecia.

Vacaciones aquí y allá

A.

6. Me interesa mucho la arquitectura.
3. Me gusta estar con la familia en vacaciones.
3. Me encanta la montaña.
6 y 3. Me aburren las vacaciones de sol y playa.
4. En invierno nos gusta hacer un viaje fuera de España.
2. Me apasiona la Antigüedad clásica.
5. Me encanta el ambiente de Praga.
5. A mí me apasiona Cuba.
1. Me divierte ir a la playa en verano con mis amigas.
1. Me encantan los monumentos de Italia.

Los stands de FITUR

A.

A: 5, 7, 10
B: 1, 9
C: 4
D: 2, 8
E: 3, 6

B.

4

De negocios en la Feria

B.

INFORME FERIA FITUR-MADRID

Durante la visita a la feria de turismo FITUR, visité los stands de México, Argentina, Uruguay, Puerto Rico y Ecuador. Dado el creciente interés por destinos en los que se pueda disfrutar de la naturaleza a la vez que conocer nuevas culturas, creo que deberíamos ampliar nuestra oferta con viajes de este tipo.

En primer lugar, destacaría la oferta de turismo rural indígena que está realizando Ecuador. Por otro lado, a nuestra oferta de viajes a México que ya tenemos (Yucatán, playas del Caribe), creo que sería interesante añadir la posibilidad de visitar el México indígena, centrado en los estados de Guerrero y Oaxaca. Por último, creo que deberíamos ofrecer la posibilidad del combinado Patagonia-Cataratas de Iguazú, en Argentina.

NAVIDAD

Todavía celebramos la Navidad

1. F / 2. F / 3. V / 4. V / 5. V / 6. F / 7. F / 8. V

Cosas de Navidad

A.

1. un instrumento musical
2. un instrumento musical
3. una costumbre católica que consiste en la representación con figuras del nacimiento de Jesús
4. la noche del 24 de diciembre
5. el primer premio de la lotería de Navidad
6. un animal marino de esqueleto externo muy apreciado por su sabor
7. un postre navideño
8. la noche del 31 de diciembre
9. tres personajes bíblicos que son los encargados de entregar los regalos que reciben los niños el 6 de enero.

B.

1. un belén / 2. la lotería / 3. los Reyes Magos
4. una pandereta / 5. el turrón / 6. una zambomba

Comida de Navidad

B.

Pescados: besugo, dorada
Mariscos: langosta, mejillones, gambas, ostras
Carnes: cabrito, jamón, conejo
Frutas: piña, higos, fresas, mango, uva
Dulces: barquillos, turrón
Bebidas: cava, vino

CRÉDITOS Y SEGUROS

¿Una casa o un coche?

Miguel y Silvia: 2, 4, 5, 6, 8
Jordi y Lluïsa: 1, 3, 7

Pidiendo dinero

A.

la nómina: documento en el que consta el salario que recibe una persona.

el tipo de interés: porcentaje de intereses que hay que devolver al banco.

la declaración de la renta: documento que se presenta a la Administración con el balance de ingresos, cuentas e impuestos del año.

la escritura del piso: documento que certifica quiénes son los propietarios.

la comisión de apertura: cantidad de dinero que el banco cobra por abrir una hipoteca.

B.

Miguel y Silvia
Documentación: las nóminas, las rentas
Años: 18

Jordi y Lluïsa
Documentación : los carnés de identidad, las declaraciones de la renta, las escrituras del piso
Cantidad solicitada: 6000 euros
Tipo de interés: 6,5%
Años: 3
Comisión de apertura: 1, 75% sobre 6000 euros

Seguros, seguros

A.

1. Seguro de asistencia sanitaria / **2.** Seguro de automóvil / **3.** Seguro de vida / **4.** Seguro del hogar / **5.** Seguro de viaje / **6.** Seguro de responsabilidad civil

B.

Miguel y Silvia: Seguro del hogar
Jordi y Lluïsa: Seguro de automóvil

Contenido y continente

A.

Contenido: un ordenador, una cámara de fotos, una lavadora, un cuadro, unas gafas, una mesa de jardín, un reloj, un traje
Continente: una fachada, una tubería, una ventana, una puerta de un dormitorio

UNA CAMPAÑA PUBLICITARIA

N de Amena

B.

Los servicios que ofrece N de Amena son: enviar correo electrónico, chatear, buscar empresas, hacer operaciones en cuentas bancarias, ver la evolución de la bolsa, recibir información.

Una campaña

Anunciante: Amena
Producto: N de Amena
Objetivo de la campaña: comunicar los nuevos servicios de telefonía móvil e internet que ofrece Amena
Público objetivo: de 25-30 años a 45-50 años
Soportes de la campaña: vallas, televisión, prensa
Idea del *spot*: repetir en distintas situaciones a una misma persona

Un buen anuncio

6. Se encarga el rodaje del anuncio a un realizador.
5. Se presenta la propuesta al cliente.
1. El Departamento Estratégico desarrolla el concepto.
3. Se hace un guión.
7. Se realiza el rodaje y la postproducción.
4. Un ilustrador hace el *storyboard* de la película.
2. El Departamento Creativo desarrolla el concepto creativo.

UN PASEO CON NORMA

Una escuela de negocios

3, 4, 5, 7 y 9

Los tres errores

A.

1. La Pedrera no está situada en las Ramblas, sino en el Paseo de Gracia.
2. Los Juegos Olímpicos fueron en 1992.
3. La Casa Milá (La Pedrera) no fue construida con motivo de los Juegos Olímpicos. Es una obra de Gaudí.

Consejos para Norma

A.

(Solución posible) 1, 3, 6, 9

El discurso de Norma

Debería eliminar estos 4 comentarios:
"...a unos más que a otros"
"A veces tenía que tomarme una copa de coñac antes de las presentaciones para tranquilizarme."
"Un estudiante intentó corregirme y a mí me dio tanta vergüenza que le dije que era él el que estaba equivocado."
"Espero que el que llegue más lejos profesionalmente no se olvide de los otros y sea generoso cuando vayamos a pedirle trabajo. Yo os prometo ofreceros siempre un trabajo allí donde yo esté, aunque tenga que despedir a alguien."

T
Transcripciones

UNIDAD 1

1. > pista 1

1. ¿Cómo te llamas?
2. ¿Cuántos años tienes?
3. ¿Dónde vives?
4. ¿Qué haces?
5. ¿Qué idiomas hablas?
6. ¿Qué te gusta hacer en tu tiempo libre?

9.

1. > pista 2

Me encargo de los contratos, de organizar las vacaciones de los trabajadores. También llevo las nóminas, cuando una persona se pone enferma y no puede venir a trabajar tramito las bajas o las altas por enfermedad. Y bueno, muchas más cosas...

2. > pista 3

Yo estoy en el almacén. Cuando llegan los pedidos soy el responsable de los envíos. Preparo la documentación que hay que enviar, me encargo del embalaje y controlo todo lo que es el transporte. También tengo que atender las reclamaciones de los clientes que recibieron los productos en mal estado o deteriorados.

3. > pista 4

Bueno, yo llevo el Departamento de Contabilidad. Eso quiere decir que llevo todas las cuentas. Me dedico a revisar las facturas y los albaranes. Controlo los pagos a los proveedores y también soy el responsable de los cobros.

18. > pista 5

● ¿Quieres un café?
● No, gracias. No tomo nunca café. No me gusta.
● Pues yo no puedo despertarme si no me tomo un café.
● A mí lo único que me despierta es una buena ducha. A veces, salgo de casa sin desayunar nada... No sé... por las mañanas, no tengo hambre.
● Pues yo tengo que comer algo, si no, no funciono. Y después desayunar me gusta hacer un poco de ejercicio.
● ¡Ah, yo no! Yo soy más tranquila. Cuando me levanto, lo primero que hago es poner la radio. Me siento en el sofá y me pongo a leer. Necesito leer algo antes de salir de casa.
● ¿Leer? ¡Qué raro! Yo lo primero que hago es abrir la ventana. Me gusta mirar cómo está el cielo. Después empiezo con el ejercicio.
● ¡Qué sano eres!

UNIDAD 2

9. > pista 6

● Hola Rosa, ¿qué tal el viaje? Llegaste ayer de viaje, ¿no?
● No, ayer no, hace tres días.
● Y ¿dónde has estado?

● En Chile y en Argentina...
● ¡Qué bien! Yo he estado en Perú dos veces y es una maravilla de país, pero en Chile y en Argentina todavía no he estado.
● Pues son muy diferentes pero... los dos son preciosos. Me encanta Sudamérica. El año pasado estuve en Brasil y me gustó muchísimo. La gente es tan amable... Y tú, ¿dónde has estado estas vacaciones?
● Yo, este verano no he ido a ningún sitio. Me he quedado en casa. Pero en abril estuve un mes en Italia.
● Yo es que este año no he parado de viajar. En mayo también hice un viaje que no olvidaré nunca. Estuve en Venezuela. Un sueño, de verdad...
● Vaya, lo tuyo es Sudamérica. Conoces casi todos los países.
● Bueno, no he estado nunca en México y tampoco conozco Centroamérica. El año que viene quiero ir a Guatemala, dicen que es muy interesante.
● Yo estuve en Nicaragua en el año 94. Fui con una ONG a ayudar en un proyecto. Fue un viaje muy bonito. No lo olvidaré nunca.

10. > pista 7

● ¿Qué tal la clase de hoy?
● Bien. La verdad es que tengo unos alumnos encantadores... ¿Y a vos? ¿Cómo te fue la clase?
● Hoy precisamente hemos estado trabajando el contraste entre Pretérito Perfecto y Pretérito Indefinido. Resulta que tengo un alumno que ha estado en tu país, Argentina, y dice que allí es más fácil porque siempre utilizáis el Pretérito Indefinido. Siempre decís "estuve" y no decís "he estado". ¿Es realmente así?
● Sí, la verdad es que casi nunca se usa. Exceptuando la zona de... que es muy cercana a Chile, como la zona de Cuyo, San Juan, Mendoza... ahí sí que usan "he estado", "he ido", pero nosotros siempre decimos "comí", "salí", "bebí"...
● Pues en España, sí hay una diferencia. Bueno, también depende de la región, pero por lo general cuando hablamos en pasado y decimos "hoy", "esta semana", "este mes", "este año" o hablamos de cosas que hemos hecho en nuestra vida decimos "he estado", "he ido" y cuando hablamos de ayer, del año pasado, de hace cuatro días, utilizamos el Pretérito Indefinido. "Ayer estuve", "comí".
● Sí, pero nos entendemos igual...

15.

1. > pista 8

Voy a ir a cenar con unos clientes. Iremos a un restaurante típico muy bueno. Les va a gustar. Son extranjeros y es la primera vez que están aquí. Son unos clientes muy jóvenes, muy simpáticos, pero no sé qué hacer con ellos después de cenar. A lo mejor los llevo a una discoteca. Pero es que, claro, una discoteca después de cenar...

2. > pista 9

● ¿Hola? Juan. Mira, que estoy en el aeropuerto. He venido a recoger al señor Ibarra, un cliente. Y no sé, el avión ha llegado hace media hora y el señor Ibarra no está.
● ¿Seguro que han salido ya todos los pasajeros?
● Sí, sí. Lo acabo de preguntar. Ay, no sé qué hacer...

3. > pista 10

Esta noche voy a cenar a casa de un compañero de trabajo. Supongo que estará con su familia, su señora y creo que tienen dos hijos. ¿Les llevo algo? ¿Qué les llevo? ¿Una botella de vino? No sé, ¡qué sé yo!

UNIDAD 3

3. > pista 11

compré
estuve
supo
empezó
dije
recibió
produjo
llegó
aparecí
trajo
llamó
trabajé
perdí
pudo
hice
vine

11.

1. > pista 12

● Esta tarde tengo que ir al dentista. No me gusta nada ir al dentista. Cuando era pequeña me daba pánico.
● ¡Ay no! Yo recuerdo que mis padres me llevaban a una dentista que era muy simpática. Nunca he tenido miedo de ir al dentista. Además, después estaba el ratoncito Pérez, ¿te acuerdas? Ponías el diente debajo de la almohada y al día siguiente te encontrabas un regalo en la cama, o dinero para comprarte caramelos o alguna chuchería...
● Nosotros en Colombia lo llamamos el ratón Pérez. Cuando se me caía un diente intentaba no dormirme para ver si lo veía, pero mis padres nunca dejaban el regalo hasta que yo estaba dormida.

2. > pista 13

● A mí, los regalos, me los traía Papá Noel.
● ¿Papá Noel?
● Sí, en Argentina los regalos los trae Papá Noel. En mi casa el día 24 de diciembre cenábamos y a las doce de la noche abríamos los regalos que estaban debajo del árbol. Mi papá muchas veces se disfrazaba de Papá Noel y llegaba a casa con su traje rojo y sus barbas blancas con una bolsa llena de regalos. Eran unas fechas tan lindas...

3. > pista 14

● Me voy que tengo que comprar unos regalos para mañana.

● ¿Todavía no los tienes?

● No, no he tenido tiempo y hoy día 5 las tiendas estarán llenas de gente.

● ¡Cómo pasa el tiempo! Otro año más. ¿Tú cuando dejaste de creer en los Reyes Magos?

● Huy, pues no sé, yo hasta muy mayor pensaba que los Reyes Magos existían. La noche antes, el día 5 de enero como hoy, me acostaba muy temprano y dejaba en la puerta de casa comida para los camellos. Al día siguiente mi casa era una fiesta. Regalos por todos lados...

● Yo me los imaginaba que llegaban a casa y dejaban los camellos en la puerta. Siempre le decía a mi madre que tenía que poner comida para los camellos.

12.

1. > pista 15

● Silvia, cuando eras pequeña, ¿cómo eras?

● Huy, yo cuando era pequeña era un poco solitaria. No tenía muchos amigos, me gustaba más jugar sola.

● ¿Ah, sí?

● Sí, me pasaba horas en mi habitación, pintando.

● ¿Y no salías de casa?

● No, no mucho. Me encantaba la televisión. Mis padres me reñían porque me gustaba ver hasta las noticias.

● En serio ¿no te gustaba salir?

● Sí, pero sola. Muchas veces me iba con la bicicleta al parque que había al lado de casa. Era fantástica aquella sensación de libertad. ¡Ah, y no me gustaba nada comer! Mi padre me tenía que dar la comida todos los días. Odiaba la verdura y la carne.

2. > pista 16

● ¿Y tú, Alberto?, ¿cómo eras de pequeño?

● Pues yo era un niño muy deportista. Iba todas las tardes a la piscina que estaba al lado de la escuela.

● ¿Ah, sí?

● Sí, y me pasaba el día con mis amigos jugando al fútbol en la calle o en el patio del colegio.

● ¡Qué bien!

● Y me gustaban mucho los dulces.

● ¿El chocolate?

● Sobre todo el chocolate. Me costaba mucho levantarme. Mi madre me venía a despertar, pero yo... ni caso... siempre llegaba tarde a clase.

● ¡Qué dormilón!

● En casa, pasaba muchas horas con mi hermana, que tiene dos años más que yo. Muchos días nos encerrábamos en su habitación, poníamos música y nos pasábamos horas bailando.

15. > pista 17

● Luisa, ¡qué bien te veo! ¡Estás guapísima!

● Sí, últimamente me estoy cuidando un poco.

● Pues no sé cómo lo has hecho, pero estás estupenda.

● Gracias, no ha sido fácil, pero estoy muchísimo

mejor. He dejado de comer en restaurantes y ahora solo como en mi casa. Frutas, verduras, pescado...

● ¿Y no comes carne?

● Sí, carne también como, pero solo un día a la semana. También he dejado de fumar y no sabes cómo disfruto con la comida. Las cosas tienen un sabor diferente, no sé, más puro... Y hago mucho deporte, bueno, juego al tenis tres veces por semana y me siento mucho más ágil.

● ¿Y el trabajo?

● He decidido trabajar menos. Antes me pasaba horas en la oficina. Ahora trabajo las horas que me corresponden y ni una más. Y sobre todo, no me llevo nunca trabajo a casa. En casa descanso, leo mucho y lo mejor de todo, me acuesto tempranito. Así por la mañana me levanto muy descansada. Antes dormía muy poco.

● ¿Llevas una vida social más tranquila...?

● No creas, durante la semana salgo poco, algún día voy al cine... Pero los fines de semana quedo con mis amigos.

Comprueba tus conocimientos
Unidades 1, 2 y 3

3.

A. > pista 18

A mí me encanta viajar en coche. Me apasiona conducir. No sé. Me hace sentir libre. No me importa conducir durante horas. Normalmente, cuando tengo vacaciones viajo por España. Hay montones de lugares para visitar. Y, como he dicho, soy muy independiente y por eso viajo solo. Me llevo una tienda de campaña y un saco de dormir y con eso soy feliz. No es difícil encontrar una plaza para una persona en un *camping*. Me gustan los *campings* porque me permiten estar al aire libre. Suelo llevar pocas cosas, una mochila y poca ropa.

B. > pista 19

Yo siempre viajo con mi marido y siempre en avión. Nos gusta ir a países exóticos, a Asia o a África. Eso sí, nos gusta la comodidad y siempre nos alojamos en hoteles, a ser posible buenos. No soporto los lugares sin aire acondicionado. Como vamos a lugares donde hace calor, en el equipaje siempre llevamos ropa de verano. Eso sí, yo mi maleta y mi marido la suya, ¿eh?

UNIDAD 4

9. > pista 20

No escribas
No volváis
No pidas
No permitáis
No vuelvas
No os levantéis
No tengas
No hagas
No compres
No digáis

UNIDAD 5

2.

1. > pista 21

● Hola, buenos días.

● Buen día.

● Quiero ingresar 500 euros en este número de cuenta.

● ¿Me permite un momentito?

● Sí, claro. Tenga.

● Muy bien. Firme aquí, por favor.

2. > pista 22

● Hola, buenas, quería domiciliar mi nómina y bueno, sé que muchos bancos ofrecen unas condiciones especiales por ello... ¿Ustedes ofrecen algo?

● Sí, un momento. Voy a ver si la directora puede recibirla. Ella se lo explicará todo. De todas formas, si quiere leerse este folleto mientras tanto, aquí figuran las condiciones de la domiciliación.

● Sí, muchas gracias.

3. > pista 23

● Hola, buenos días. ¿En qué puedo ayudarle?

● Quería saber si me han ingresado un dinero en mi cuenta... esta semana.

● Muy bien, ¿me deja su libreta, por favor?

● Sí, aquí tiene.

● ¿Y su DNI?

● Sí, claro.

● A ver. Un segundito, señora Castro. Enseguida le digo su saldo.

4. > pista 24

● Buenos días.

● Hola, buenos días. No sé qué ocurre con mi tarjeta de crédito, pero acabo de ir al cajero automático y no sé qué pasa, pero no funciona.

● No, no es un problema de su tarjeta, es que precisamente lo están reparando ahora mismo. De todas formas, si le puedo ayudar en alguna cosa. ¿Quería sacar dinero?

● Sí.

● ¿Qué cantidad deseaba?

● 200 euros.

● ¿200? Muy bien.

3. > pista 25

Nuestra oficina está en un barrio de clase media de las afueras de la ciudad. En estos momentos tenemos unos 2000 clientes, entre particulares y empresas.
En la sucursal trabajamos ocho personas. Normalmente somos siete, pero ahora tenemos un estudiante que está haciendo prácticas.
Nuestro horario de atención al público es de 8.30 a 2, de lunes a viernes. Los sábados también abrimos, pero solo de octubre a mayo. En verano los sábados no trabajamos.
>>

>> En nuestra oficina se hacen toda clase de operaciones. Para particulares, sobre todo, gestionamos muchas hipotecas para adquisición de viviendas y préstamos personales para el consumo. Y bueno, también trabajamos mucho con las PYME, las pequeñas y medianas empresas: cobro de recibos, transferencias, pago de nóminas... En fin, hacemos un poco de todo.

17.

A.

1. > pista 26
Es una cosa que sirve para pagar y que es de plástico.

2. > pista 27
Cuando quieres que todos los recibos los pague el banco directamente. Así no tienes que ir a la compañía de teléfono a pagar, ni a la de gas, ni a la de electricidad. ¿Sabes? Cuando paga el banco por ti.

3. > pista 28
Mirta, ¿sabés dónde hay un...? Ay, ¿cómo se dice? Eso donde se puede sacar dinero. Es una máquina automática.

B.

1. > pista 29
● Es una cosa que sirve para pagar y que es de plástico.
● ¡Ah, sí! Una tarjeta de crédito.

2. > pista 30
● Cuando quieres que todos los recibos los pague el banco directamente. Así no tienes que ir a la compañía de teléfono a pagar, ni a la de gas, ni a la de electricidad. ¿Sabes? Cuando paga el banco por ti.
● Eso es domiciliar. Se dice domiciliar un recibo, un alquiler, un pago, ¿no?
● Eso, domiciliar.

3. > pista 31
● Mirta, ¿sabes dónde hay un...? Ay, ¿cómo se dice? Eso donde se puede sacar dinero. Es una máquina automática.
● ¿Quieres decir un cajero? Sí, mira, esta calle, sigues todo recto y al final a la derecha.

UNIDAD 6

2. > pista 32

● Lourdes, ¿lo tenemos todo listo para la feria?
● Sí, ¿sabes si va a venir mucha gente?
● Me acaban de confirmar que hay 3000 personas inscritas...
● Pues no está nada mal...
● ¿Has preparado ya los catálogos?
● Sí.
● ¿Y cuántos llevamos?
● Bueno solo llevamos 2000.
● ¿Solo 2000? ¿Por qué?

● No tenemos más...
● ¿Y qué vamos a regalar en el stand?
● Hemos preparado unos bolígrafos muy bonitos con el logotipo de la editorial. Lo que ocurre es que el proveedor solo ha podido enviarnos 1000. Pero bueno, no tenemos que dar bolígrafos a todo el mundo, ¿no?
● No sé. Yo creo que deberíamos llevar más.
● Pues ahora no podemos hacer nada porque el proveedor nos ha dicho que, hasta después de la feria, no podrá enviarnos más.
● Oye, y los libros de muestra, ¿qué?
● Está previsto que hagamos dos presentaciones, y en cada presentación habrá unas 100 personas...
● Entonces necesitamos 200 ejemplares de muestra. Los tenemos, ¿no?
● ¿Solo 200? Mira, pues he preparado 500 ejemplares. Creo que van a sobrar.
● No importa. Mejor que sobren y no que falten.

5.

B. > pista 33
● Y ahora, una vez hechas las presentaciones, vamos con el primer bloque de preguntas para nuestra primera concursante. Vamos con Ciencia y descubrimientos... ¿En qué año inventó la imprenta Gutenberg?
● No, no, no sé...
● Pasamos a nuestro segundo concursante. ¿Preparado? Muy bien ¿En qué año inventó Gutenberg la imprenta?
● En 1468.
● ¿Y en qué año descubrió América Cristóbal Colón?
● En 1492.
● Exactamente. ¿En qué año inventó Alexander Graham Bell el teléfono?
● En 1876.
● Muy bien. ¿Y en qué año publicó Einstein su Teoría de la Relatividad?
● En 1905.
● Perfecto. Muy bien. Vamos ahora con Acontecimientos históricos... Fecha en que Napoleón conquistó Europa.
● 1812.
● Exacto. Y ahora, fecha de la Revolución Francesa.
● 1789.
● Estupendo, ¿podría decirnos ahora la fecha en que Cuba y Puerto Rico consiguieron la independencia y dejaron de ser colonias españolas?
● ¿En 1900?
● Huy, lo siento. No, en 1900 no, fue antes... Sí, hombre, en 1898... Pasamos a nuestra concursante y vamos con la Primera Guerra Mundial. ¿Sabe usted cuándo empezó?
● Creo que fue en 1914.
● ¡Correcto! ¿Y en qué año consiguió el poder Gorbachov?
● ¿En 1981?
● Fantástico. Y ahora la pregunta final. ¿Cuándo cayó el muro de Berlín?
● En 1989, en noviembre.
● Sí. ¡Muy bien!

7. > pista 34

● A mí, un día me pasó una cosa... Fue hace tres años, más o menos. Resulta que iba a Amsterdam para una reunión de todo el grupo directivo. El avión salía prontísimo; el caso es que las tiendas del aeropuerto estaban todas cerradas... Bueno, pues me fui a tomar un café y a leer un rato el periódico. Y entonces, no sé qué hice, pero cuando iba a embarcar... ¿Sabes qué me pasó? Pues que, de repente, se me rompió el zapato...
● ¿De verdad? Y ¿qué hiciste?
● ¿Que qué hice? Pues nada porque los otros zapatos que llevaba estaban en la maleta, y la maleta la había facturado... Y las tiendas estaban cerradas; no podía comprarme otros zapatos. Total, que tuve que subir al avión medio descalza. ¡Qué vergüenza pasé! Y lo peor fue cuando llegué al aeropuerto de Amsterdam. Me estaba esperando el director general en persona y yo con un zapato sí y otro no.
● Pues a mí, una vez me pasó algo...

8.

1. > pista 35
● ¿Qué tal la organización este año? El año pasado fue un desastre; no había carteles, nadie sabía nada...
● Pues este año la organización no ha sido mala. Ha sido correcta, normal... No ha habido ningún problema.

2. > pista 36
● Fuimos a la cafetería y estuvimos más de media hora esperando. Fue desesperante: solo había tres camareros. El problema es que solo había una cafetería en todo el pabellón.

3. > pista 37
● ¿Saliste muy tarde ayer de la feria?
● Bueno, sí. Las conferencias acabaron muy tarde.
● ¿Fuiste a las dos conferencias?
● Sí.
● ¿Y qué te parecieron?
● A mí, sobre todo, me gustó la primera conferenciante, era una especialista en el tema.

4. > pista 38
● ¿Cómo fue todo?
● Pues el stand estaba muy bien situado, todo el material llegó bien... Pero estaban haciendo obras y los accesos principales estaban cortados: así que a la gente le resultaba muy difícil llegar. Y llegaban enfadados, porque además había pocos autobuses. Fue un caos, la verdad.

**Comprueba tus conocimientos
Unidades 4, 5 y 6**

3. > pista 39

● Pilar, ¿qué tal la feria?
● Muy bien, la verdad; había muchísima presencia de expositores extranjeros; vimos muchas novedades muy interesantes.
● ¿Hicieron muchos contactos?

● Contactos... Pues, no... nosotras fuimos para ver novedades, fundamentalmente, y para conocer a nuevos proveedores y, en ese sentido, pues aprovechamos muy bien la feria porque conocimos a unos fabricantes franceses que llevaban unos muebles pintados a mano, preciosos. Y les encargamos varias cosas que nos llegarán dentro de un mes, más o menos...
● Y la organización, ¿qué tal este año?
● Muy bien, mucho mejor que el año pasado. Ningún problema con los accesos, había muchos autobuses directos desde varios puntos de la ciudad. La verdad es que todo fue muy bien.

UNIDAD 7

7. > pista 40

1.
Espero que las clases no sean demasiado difíciles y que los profesores no nos pidan demasiados trabajos.

2.
No, ¡no quiero que me den otro igual, quiero que me devuelvan el dinero, y punto! Es lo que me prometieron, si no quedaba conforme.

3.
¿Niño o niña? Pues me da exactamente lo mismo. Lo único que quiero es que esté sano.

4.
Lo que quiero es que el candidato tenga una gran capacidad de adaptación y dotes para trabajar en equipo, no que sea el primero o la primera de su promoción. Esto es secundario para el puesto.

5.
Queremos que sepan que los retrasos sufridos hoy se deben a la huelga de controladores aéreos y que la compañía no tiene ninguna responsabilidad. Haremos todo lo posible para que su espera sea más placentera.

6.
Pretendemos que este producto llegue a un público joven. Por eso, hemos pensado en colores llamativos y alegres.

8. > pista 41

● Bueno, aquí están las dos propuestas de la empresa a la que encargamos la página web. Esta primera nos convence a todos, pero tardaremos tres meses en tener la página acabada. Esta otra no está mal y en un mes la podemos tener, pero, claro, es mucho menos sofisticada... Sabéis que tenemos que tomar una decisión rápidamente. Laura, tienes la palabra.
● Mi propuesta es la siguiente: elaboramos nosotros mismos la página web con el programa WEB SOLUCIÓN y en dos semanas lo hacemos. Miguel puede hacerlo perfectamente.
● ¿Tú qué dices, Miguel?
● Sí, puedo hacerlo, pero no quedará ni la mitad de bien. Ahí va mi sugerencia: el primer proyecto

nos gusta a todos. Entonces, lo que tenemos que hacer es presionar al máximo a la agencia para tenerlo en un mes. Pueden hacerlo, en serio.
● ¿Iván?
○ Pues, primero, me encantan las ideas de esta agencia. Ellos tienen que hacer el diseño y no nosotros. Y segundo, también prefiero el primer proyecto.
● Delia, ¿qué dices tú?
○ Mira, yo necesito que toméis una decisión ya. Tenemos clientes que hace meses que la están esperando y estamos perdiendo muchas ventas.
● Tranquila, Delia... Estamos aquí para encontrar una solución. ¿Rosa, qué opinas tú?
● Bueno, como responsable de Comunicación, parece que estamos todos de acuerdo con que la mejor propuesta es la primera. Os pido, por favor que hagamos todo lo posible para hacer realidad esa página.
● Bien, parece que todo está muy claro...

10. > pista 42

Aprender español no es tan difícil como dicen, aunque para mí es más fácil el inglés que el español, quizá porque soy alemana y el inglés y el alemán se parecen bastante. Me resulta más fácil escribir en español que hablar, especialmente en mi trabajo. Muchas veces hablo por teléfono con empresas en España o en otros países y el problema es que, a veces, no me entienden. Me comunico mejor por internet. Cuando escribo un correo electrónico tengo tiempo para pensar y corregir el texto antes de enviarlo. Hace dos años que estudio español, y, en realidad, la gramática no es tan complicada como parece. A veces, tengo algún problema con los tiempos de los verbos pero no son tan difíciles. Todas las actividades orales, los ejercicios de hablar en clase son mucho más divertidos que los escritos. Normalmente no tengo problemas con los textos, lo entiendo todo. Bueno, casi todo. Es más fácil, entender un texto que a alguien hablando español. La verdad es que estudiar español me gusta mucho.

UNIDAD 8

4. > pista 43

● ¿Sí? Dígame...
● Oye, Laura, soy Miguel.
● Hola Miguel... Supongo que me llamas por lo de MIKEA...
● Pues sí. ¿Tienes las informaciones? Es que me corre prisa, ¿sabes?
● No te preocupes, sí las tengo. Ahora iba a mandarte un e-mail interno, pero si prefieres tomar notas...
● Pues sí... A ver, ¿hemos tratado ya con ellos?
● No. MIKEA es un cliente nuevo, pero he pedido referencias a otros proveedores y todas son muy buenas.
● Es decir, que pagan a tiempo.
● Sí, pagan a tiempo incluso cuando son facturas elevadas. El pedido que tú tienes es de 30 000 euros ¿no?

● Sí, 30 000.
● Pues en principio no hay problema... Normalmente pagan a 90 días aunque si se insiste, llegan a pagar a 60 días.
● Pues hay que captarlos como sea...
● Sí, tendríamos que darles el máximo de facilidades.
● Sí, claro. Voy a hablar con producción para que saquen este pedido dentro de una semana. No podemos dejarlo perder.
● Desde luego.
● Vale, gracias y hasta luego.
● Hasta luego.

12. > pista 44

● Bueno, señor González, ya hemos llegado a un acuerdo sobre la cantidad, el precio y el transporte. Vamos a pasar al plazo de entrega.
● Bien, resumiendo, ustedes necesitarían en total 5 000 corbatas de diez modelos diferentes.
● Exacto. Y las queremos para las ventas de Navidad, por lo tanto, para mediados de noviembre, como mínimo.
● Sí, y estamos ya a 25 de octubre...
● Lo que significa que las tenemos que tener en almacén el día... Un momento, que miro el calendario... Pues... lo mejor sería el 10 de noviembre.
● ¿El 10 de noviembre? ¿Tenemos solo 15 días para fabricarlas? ¡Es casi imposible!
● Casi, pero no imposible.
● Señora Ortega, tenga en cuenta que somos una empresa pequeña y que nuestra producción, de momento, es reducida y por eso es de calidad.
● Claro, pero ustedes son una empresa poco conocida y nosotros podríamos ser uno de sus mejores clientes. Tienen que hacer un esfuerzo.
● Sí, claro, pero no se olvide de que para ustedes es una buena oportunidad, porque usted sabe que nuestros diseños son únicos y nuestros precios, los más bajos del mercado. Mire, propongo que retrasemos la entrega hasta el 15 de noviembre en lugar del 10, pero solo podríamos entregarles 1000 corbatas.
● No, imposible; no podemos esperar tanto. Necesitamos, por lo menos, 3000 corbatas para esa fecha.
● A ver, podríamos entregar la mitad de la mercancía el 15 de noviembre y el resto el 1 de diciembre. ¿Qué le parece?
● Muy justo... Bueno, pero si nos entregan la mitad de la mercancía, es decir, 2 500 corbatas el 15, tiene que ser la gama completa, claro.
● Perdone, no sé si lo he entendido bien, ¿con los 10 modelos?
● Sí, sí, la gama completa.
● Me lo pone difícil. ¿Y si les entregamos 5 modelos el 15 y después...
● ¡Perdone, pero eso no es negociable! Necesitamos los 10 modelos al mismo tiempo.
● En ese caso tendrían que pagarnos a 30 días y no a 60 como habíamos convenido. Necesito dinero para contratar personal extra. Si nos pagan a 30 días, creo que podríamos llegar a un acuerdo.

● ¿Treinta días? ¡Uf!, es que... Bien, de acuerdo, pero tiene que asegurarme que la mitad de la mercancía, en la gama completa, estará el 15 de noviembre en el almacén y el resto, el 1 de diciembre.

● Le garantizo que la tendrán.

● Bien, entonces, estamos de acuerdo, ¿eh? 2500 corbatas de todos los modelos el 15 de noviembre y las otras 2 500 el 1 de diciembre.

14.

1. > pista 45

● ¿Cuatro semanas? ¿Quiere decir una semana antes de la vuelta al colegio de los niños?

● Exactamente.

● Hablemos en serio, por favor. Esto es absolutamente imposible...

● Pero es que no podemos enviárselo antes. Tenga en cuenta que nos piden una cantidad enorme.

● Pues, ¡razón de más para hacer un esfuerzo!

● Bueno, hablaré con el Departamento de Producción y veremos lo que podemos hacer.

● Bien, pero me tiene que dar una respuesta hoy mismo.

● De acuerdo, la llamo luego.

2. > pista 46

● Hemos visto el catálogo y la nueva colección nos gusta. Queremos hacer un pedido.

● Bien, ¿para cuándo lo necesitarían?

● En el plazo de entrega podemos ser muy flexibles, pero en las condiciones de pago, tendríamos que llegar a un acuerdo.

● Es que nosotros lo tenemos ya establecido a 60 días...

● ¿Y no podrían hacer una excepción por esta vez? Nos convendría efectuar el pago a 90 días y no a 60.

● Pues, francamente, es complicado...

● Es que tenemos problemas de tesorería, que vamos a solucionar muy pronto, pero...

● Creo que podríamos llegar a un acuerdo si el transporte corre a su cargo.

● Mmm... Bueno, pues si no hay otra opción. El transporte lo pagamos nosotros.

● De acuerdo. Entonces lo dejamos a 90 días.

● Perfecto.

3. > pista 47

● Me lo pone difícil, señor García... Bueno, mire, les haremos un descuento del 6% siempre y cuando nos paguen al contado.

● ¿Solo un 6%? No. Imposible. Si les pagamos al contado, el descuento tiene que ser del 8%.

● ¿El 8%...? Es mucho.

● Señor Rodríguez, por favor, sea sincero, ¿cuántos clientes le pagan al contado?

● No muchos.

● ¿No muchos? Yo diría que ninguno, y usted lo sabe. Un 8% es perfectamente razonable en estas condiciones.

● Bueno, señora García, pero solo porque es usted una clienta de muchos años, ¿eh?

● Bien, entonces estamos de acuerdo.

UNIDAD 9

6. > pista 48

● Che, Daniel, ¿viste la última campaña de Tráfico sobre los accidentes en la carretera?

● ¿Te refieres a la del cinturón de seguridad?

● Sí, exactamente. Yo creo que las imágenes que presentan son demasiado agresivas... ¿No te parece? Es muy exagerado.

● Pues yo no lo veo así. La gente no hace caso de nada si no le presentan las cosas de una manera cruda y realista.

● Yo pienso que hay otras maneras más suaves y más claras para tratar este tema.

● ¿Ah, sí? ¿Cuáles?

● ¡Qué sé yo! Se puede hacer algo con un poco más de... No sé... algo más divertido. La gente también capta el mensaje a través del humor, ¿no?

● Perdona, pero lo que dices es una tontería. Con esas cosas no se puede jugar.

● Quizá, pero continúo diciendo que las imágenes que presentan me chocan. Y además sé que son reales.

● Pues para eso las ponen, para provocar y hacer que reaccione la gente. En el anuncio se ve muy claro lo que pasa en un accidente si los pasajeros no llevan el cinturón puesto. Y además muchas veces son los niños los que van detrás.

● Sí, claro se ve, pero es horrible.

● Pues más horribles son las consecuencias...

10.

A > pista 49
1. (pájaros, agua)
2. (lluvia, canción *Cantando bajo la lluvia* silbada)
3. (música)
4. (niños)

B > pista 50

● Silvia, ¿llevas el paraguas?

● Sí, el que compré ayer en las rebajas.

● Pues ábrelo, hija, que está empezando a llover... Pero, ¿qué pasa?

● ¡Nada que se ha roto! Ay, ¡pero si es nuevo...!

● ¡Corre! ¡Que nos estamos empapando!

● ¡Pues vaya ganga que hemos comprado!

● Si no quieres mojarte bajo la lluvia, no confíes en un paraguas cualquiera. Paraguas Killy. Paraguas de calidad, para ser feliz incluso bajo la lluvia.

> pista 51

Unidades 7, 8 y 9
Comprueba tus conocimientos

3.

● ¿Cómo dices?

● Que mis clientes de Estados Unidos han adelantado su visita al 24 y tengo que estar con ellos todo el día...

● ¿Y nuestra reunión?

● Ya... Por eso te lo digo ahora. Tenemos que pasarla a otro día.

● Pero si es muy importante. Tenemos que decidir si vendemos la fábrica de juguetes o no.

● Créame que lo siento, pero tenemos que encontrar otra fecha.

● Fíjate, mira mi agenda. Estoy ocupadísima.

● Ya lo veo, como la mía... Pero, no te preocupes, encontraremos una solución, ya verás.

● Pues lo mejor sería un domingo, porque no veo otra posibilidad.

● ¿Un domingo? Tiene que haber otra solución. Mira, te propongo que cancelemos la comida con el consultor el día 23, que no es tan urgente, y nos vamos a comer tú y yo y lo decidimos mientras comemos. O por lo menos adelantamos la primera parte del proyecto. ¿Qué te parece?

● Bueno, si no hay más remedio... O sea, quedamos para el día 23.

● Exacto.

UNIDAD 10

4.

1. > pista 52

● Buenas tardes, Melero y asociados, dígame.

● ¡Hola Alba! ¿Está mi hijo?

● No, ha salido. ¿Quiere que le diga algo?

● No, nada, es que hoy es su cumpleaños. Quería felicitarlo y decile que lo llamaré esta noche. ¡Ah! Que no se olvide de llamar a su hermano, que está muy preocupado por lo del seguro del coche.

2. > pista 53

● Melero y asociados, dígame.

● Buenas tardes, soy Mónica Ferrero, la abogada de Almacenes Modernos. Deseo hablar con el Señor Melero...

● No está, si desea dejarle algún recado...

● Bien, llamaba para informarle sobre el resultado de la valoración de los daños del incendio en los almacenes y para que me aclarara algunos datos de las indemnizaciones. Bueno, mejor dígale que no es urgente y que intentaré llamarle la próxima semana. Es que hoy salgo de viaje. Gracias.

3. > pista 54

● Melero y asociados, dígame.

● ¡Hola Alba! Soy Maite. ¿Está Simón?

● No, ¿le digo algo?

● Sí, dile que me llame, por favor, enseguida, que me faltan datos del incendio en los Almacenes Modernos. Necesito toda la documentación y no sé dónde está. Dile que me llame a este teléfono: 908 40 03 23, ¿lo has apuntado?

● De acuerdo. Le paso el mensaje.

4. > pista 55

● Melero y asociados, dígame.

● ¡Hola Alba! Soy Fina. ¿Está Simón?

● No, lo siento.

● Llamaba para felicitarlo y, por favor, dile también que llamaba para invitarlos a él y a su mujer a cenar el sábado en mi casa. Que me diga algo cuando pueda, por favor. Venga, gracias Alba.

● De nada, hasta luego.

7.

1. > pista 56

Hola, buenos días, llamo de la agencia de viajes El Sol para confirmarle la reserva. Me gustaría comentarle un par de cosas... Si nos puede llamar, nuestro teléfono es el 93 412 02 82. Mi nombre es Laura Rosales.

2. > pista 57

Hola, buenas tardes, este mensaje es para la señora Marquina, soy Víctor Mateo de Fincas Asociados y la llamaba por el piso que usted quería visitar en la calle Tenor Viñas. Por favor, si me puede llamar al móvil, podemos fijar un día para visitarlo. Mi número de móvil es el 602 90 39 07. Muchas gracias.

3. > pista 58

Aurora, soy Tomás, mira... para firmar el contrato necesito que me envíes urgentemente la documentación que te pedí. Por favor, llámame cuando puedas.

4. > pista 59

Aurora, soy yo, Rosa. Muchas gracias por el regalo y por las flores. Son preciosas, me han encantado. Intentaré llamarte después, ¿vale? Un beso y hasta prontito.

5. > pista 60

Hola, soy Miguel. Siento no encontrarte porque quería explicarte lo que ha pasado en la reunión. Más tarde te llamo.

6. > pista 61

Aurora, soy yo. Te recuerdo que hoy salgo antes del trabajo y que recojo yo a los niños del colegio. O sea, que no te preocupes, nos vemos en casa, ¿eh? Un beso.

9.

1. > pista 62

Luis, soy Pepe, hoy es jueves 20, ahora son las 11.30. Te llamaba para ver si te apetecía venir a jugar un partido de fútbol con nosotros el sábado por la mañana. Después, seguramente nos iremos a comer todos juntos. Llámame, ¿de acuerdo?

2. > pista 63

Buenos días. Soy Maribel Rodríguez y llamo de Muebles García. Tenemos el sofá que nos encargó. Llámenos para saber cuándo podemos pasar a entregárselo. Nuestro horario de oficina es de 10 a 2 y de 4.30 a 8.30 de lunes a sábado. Gracias.

3. > pista 64

Buenas tardes. Es un mensaje para el señor Montes. Soy Margarita Hurtado, de Bancodirecto y le llamaba porque quería consultarle unos datos relativos a una póliza de seguros que tiene usted contratada con nuestra aseguradora. Creo que quería usted ampliar las coberturas... Si puede, llámenos al 900 000 100. Muchas gracias.

4. > pista 65

Hola Luis, soy Sara. Mirá, hoy es jueves y ahora son las 7.30. Lo siento, pero la semana que viene no podré ir a Valencia; resulta que convocaron una reunión urgente para el miércoles 26 y tenemos que preparar muchísima documentación. Bueno, llamame si podés. Un abrazo.

5. > pista 66

Luis, hola, soy Montse. Hoy es viernes 21 y son las 4 de la tarde, te llamo ahora aunque ya sé que no estás en casa. Me gustaría comentar contigo la reunión de hoy. El nuevo proyecto me parece interesante, pero hay algunos puntos que no veo muy claros. ¿Quedamos para comer y lo comentamos? Espero tu llamada, ¿vale? Hasta luego.

UNIDAD 11

10. > pista 67

1. ¿Conoces a alguien que hable chino?
2. ¿Conoces a alguien que viva en un hotel?
3. ¿Conoces a alguien que trabaje los fines de semana?
4. ¿Conoces a alguien que tenga más de cinco hermanos?
5. ¿Conoces a alguien que haga deporte todos los días?
6. ¿Conoces a alguien que cante bien?
7. ¿Conoces a alguien que sepa bailar el tango?
8. ¿Conoces a alguien que estudie medicina?

13.

1. > pista 68

○ ¿Qué capacidad tiene la sala del hotel que hemos alquilado?
● Bueno, no sé, pero creo que caben unas cien personas.
○ ¿Solo cien? Imposible, necesitamos una sala que sea más grande, que tenga capacidad para doscientas personas. Para la convención seremos unos ciento ochenta. Hay que arreglarlo hoy mismo sin falta. La convención es dentro de dos semanas.

2. > pista 69

○ Bueno, vamos a ver... ¿quién podría encargarse del Proyecto Agua?
● Ahora mismo estamos todos bastante ocupados. Dentro de dos semanas Pilar y Eva terminan el curso y podrían empezar...
○ ¿Dentro de dos semanas? No. Tenemos que encontrar a alguien que pueda empezar con este proyecto esta semana, algún consultor externo... ¡Quien sea! Pero no podemos perder el proyecto.

3. > pista 70

○ ¿Qué tal, Miguel...?
● Mal, tengo que decidir sobre qué hago el trabajo de fin de curso y no tengo ni idea. No se me ocurre nada. Quiero encontrar un tema interesante que esté relacionado con el mundo de la empresa. ¿Se te ocurre algo?

○ Así, de pronto, no, la verdad. ¿Has estado en la biblioteca?

4. > pista 71

○ Estoy desesperada. La chica que había encontrado para compartir piso se ha ido.
● ¿Otra vez?
○ Sí, y necesito encontrar a alguien lo antes posible porque yo sola no puedo pagar el alquiler.
● Pero, ¿que buscás exactamente? Porque es la cuarta o quinta persona en dos meses.
○ Pues busco a alguien que sea ordenado, que no tenga animales de compañía, que no fume, que no invite todos los días a cenar a sus amigos, que no ponga la música a todo volumen... ¡Es que no consigo encontrar a nadie que sea normal!

UNIDAD 12

4.

1. > pista 72

○ ¡Enhorabuena!
● Muchas gracias.
○ Seguro que es un niña preciosa. Sobre todo si se parece a su madre.
● Sí, la verdad es que es muy bonita. Estoy muy contento porque fue muy fácil y no hubo ninguna complicación. Mi señora se encuentra bien. En fin, todo perfecto.
○ Bueno, pues me alegro mucho de que todo haya ido bien. ¡Y a ver cuando vemos a esa niña tan bonita...!

2. > pista 73

○ Bueno, ¿qué tal la fiesta?
● Muy, muy bien. Nos lo hemos pasado genial.
○ ¿Había mucha gente?
● No sé, unas cuarenta personas más o menos. Hemos bailado un montón, la gente estaba muy animada. ¡Qué pena que no hayas venido!

3. > pista 74

○ Bueno, ya nos vamos.
● ¿Vuelven a su país entonces?
○ Sí, el lunes empezamos a trabajar. En fin, muchas gracias por todo. Seguro que volveremos.
● Gracias a ustedes. Ya saben que siempre serán bienvenidos. Esperamos que hayan disfrutado de su estancia entre nosotros.
○ Sí, estamos muy contentos. Fue todo muy bien. Muchas gracias.
● Buen viaje entonces.
○ Adiós.

4. > pista 75

○ Oye, ¿has visto la factura del teléfono de estos dos últimos meses? ¿Cómo es posible que hayamos pagado tanto?
● Muy fácil. Yo hice varias llamadas a Japón. ¿No te acuerdas?
○ Ah, sí, es verdad.
● ¿Y tú no te acuerdas de todas las llamadas a Irlanda para hablar con tus padres?
○ Sí, sí, pero de todas formas, solo hablé con ellos dos o tres veces. No sé, me parece excesivo que hayamos pagado tanto.

5. > pista 76

● ¿Sabes que Julián se marcha?
● ¿Que se marcha? ¿Adónde?
● Me han dicho que se va a Brasil.
● Pues precisamente hoy hemos estado comiendo juntos... ¡Qué raro que no me haya dicho nada!

**Comprueba tus conocimientos
Unidades 10, 11 y 12**

3.

1. > pista 77

● Mañana tengo la entrevista.
● ¿Y estás nervioso?
● Un poco. Es muy importante para mí.
● ¡Ojalá tengas suerte!

2. > pista 78

● Siento mucho no haber llegado antes.
● No pasa nada. Acabamos de empezar hace cinco minutos.

3. > pista 79

● ¡Adiós! ¡Que pases un buen día!
● ¡Igualmente!

4. > pista 80

● ¡Adiós y muchas gracias! Estaba todo exquisito. ¡A ver si vienen ustedes la próxima vez a mi casa!
● Sí, ¡cómo no! Y gracias por venir. Adiós.

5. > pista 81

● Es muy extraño que no nos haya escrito.
● ¿Estás seguro de que le diste tu tarjeta?
● ¿Mi tarjeta? Pues ahora no me acuerdo, pero tiene la dirección de la empresa... Seguro.